DRAGAN VELIKIĆ

Islednik

Peto izdanje

Laguna

Sanji

Čovek se posle ispovesti ne oseća ništa čistijim nego što je bio pre nje. Naprotiv. Oseća se kao kanta za đubre.

Pošto je izbacio iz sebe sve svoje bolje verzije, ostao je s najgorom, onom koja se nikad nikom ne ispoveda.

Borislav Pekić

I

1.

„Uvek si opušten na tuđ račun. Neko drugi to plaća."

Tako je govorila moja mama.

„Da sam svetica", uzdahnula bi setno, „štitila bih kuvarice, sobarice i služavke. Sveti Nikola je zaštitnik mornara, a ja bih štitila poslugu. Samo posluga zna kakav je neko u svoja četiri zida."

Sledi jedna od stotinu priča koje ispunjavaju njenu memoriju. Izvesni profesor Lolić imao je sina, studenta medicine, koji je voleo da jede u krevetu. Hrana se prosipala po posteljini. Mama bi uvek malo zastala, zgrožena prizorom zamrljanih čaršava.

„Reci, da li iko normalan jede u krevetu? Jeste taj momak posle završio u Londonu, napravio karijeru, ali džaba mu sve kada je prostak."

Ili primer slavnog književnika u čijem bivšem stanu je neko vreme živela. „Trebalo je da vidiš taj šporet, tu zapuštenu rernu. Ugljenisana i smrdljiva od masnoće. Ne verujem takvom piscu. I tačka."

Sve njene priče stizale su iz budoara, iz prostora za poslugu, iz devojačkih soba. Tamo gde se govori u pola glasa. Gde senke nikada ne miruju. Gde se stalno smenjuju kikot, jecaj i uzdah. U tom prirodnom staništu greha priče niti počinju, niti se okončavaju, već traje jedno beskonačno *in medias res*. Međuprostor i međuvreme. I restlovi tuđih života. Pogled iz suterena. Živeti život kroz ključaonicu.

Mama je iz kuhinje razgovarala sa svetom. Iz kuhinje je slala poruke okolini. Tu je sve bilo na svom mestu. Kuhinja je bila njen oltar, komandni most, mesto gde je nakon udaje preuzela ulogu božjeg izvršitelja. Nije sumnjala da će ta posvećenost pravdi i borbi za istinu jednom biti nagrađena. Da će posle smrti biti proglašena za sveticu. Izgovorila je svoje ime na italijanskom, kao da bi pominjanje pravog imena rasteralo iluziju.

„Violeta. Santa Violeta, zaštitnica služinčadi."

Tada je već bila u staračkom domu. Stigla je tamo gde je čitavog života odbijala da pođe.

„Pre bih se ubila nego da živim u domu", nebrojeno je puta izgovorila.

Odlaskom u dom, za njom su po ormanima ostali pokloni namenjeni budućim svadbama, useljenjima, rođendanima. Jer, pokloni su se kupovali onda kada bi se ukazala povoljna prilika. Stoji pred izlogom sa servisom kome je cena prepolovljena. Razmišlja neko vreme, a onda pomene rođaku koja je tek krenula u školu. Njoj ga je namenila. Devojčica ni ne sluti da je vlasnica porcelana u našem ormanu.

Malo bogatstvo ležalo je u tim unapred kupljenim poklonima. Uredno ispisane cedulje sa imenima vlasnika, od kojih su neki uveliko mrtvi.

Unapred se kupovalo. Unapred se živelo. Sve se moglo postići jer ništa nije bilo prepušteno slučaju. Nad čitavom teritorijom svakodnevice lebdeo je brižni pogled moje majke. Ništa nije izmicalo njenoj kontroli. Ništa se nije dešavalo samo po sebi. Čak i pauk u uglu klozeta dugovao je svoju egzistenciju sujeverju moje majke. Čitav univerzum našeg stana podrhtavao je ritmom njenog disanja.

„Mene kućni aparati vole jer brinem o njima."

Stvari i predmeti, verovala je, imaju svoj tajni život koji samo osetljivi i odgovorni naslućuju.

Prezirala je rasipništvo. Bila je ekonom sveta.

Poslednjih godina u domu po ceo dan je čitala novine i ženske časopise. Postala je ovisnik o tekstovima koji su veličali prostotu i neukus. Barem dva sata nerviranja bila je njena dnevna doza. Pobesnela bi na vest da je neko nekome poklonio vilu kao svadbeni dar. Užasavala se luksuza i rasipništva. Potrošiti čitavo bogatstvo na zavese i lustere smatrala je neoprostivim grehom. A tek jahte. Koliko se novca godišnje baci na njihovo održavanje, samo zato da bi se provelo nekoliko nedelja na krstarenju toplim morima. Svet će eksplodirati od tolike količine prostaštva, neprestano je ponavljala.

Ono što je posebno iritiralo bilo je prepuštanje lagodnostima života. Verovala je da uživanje kao glavni smisao ljudskog postojanja za posledicu ima kretenizaciju. Trend da se sve olakša vodi degeneraciji čovečanstva i konačnom nestanku ljudske vrste. Svet nije stvoren da bismo se zabavljali.

U bioskopu, glasno je negodovala na šuškanja, grickanja i mljackanja. Pamtim redare koji nam prilaze iz mraka dvorane i prete mami da će je udaljiti sa projekcije. Često je slala pisma upravi bioskopa u koji smo odlazili na subotnje premijere. Predlagala im je da zabrane unošenje hrane i pića u salu.

Mamu je uznemiravala opuštenost. Gajila je duboko poštovanje prema mravima.

Santa Violeta. Koliko se plašila vode! Biti spreman na najgore, bila je njena deviza. Verovala je da se opasnost može izbeći tako što se stalno priziva. Sa velikim je zadovoljstvom pominjala da se kao dete više puta davila. Taj strah prenela je na sestru i mene. Nikada nismo naučili dobro da plivamo. A redovno smo išli sa mamom na plažu: Valkane, Gortanova uvala, Ribarska koliba, Zlatne stene... Mama je najviše volela Stoju. Bilo je to pravo gradsko kupalište: betonirani prilazi moru, tobogani, kabine, tuševi, restoran. Sa zavišću posmatram plivače. Nesputana tela na skakaonicama. Piruete u vazduhu. Iščezavaju u talasima, da bi posle nekoliko sekundi izronili. Vrisak i smeh.

Uzalud pokušavam da zamasima ruku održim telo na površini duže od dva minuta. Vežbam u pustoj uvali, pored ograde kampa, gde nema mnogo svedoka. Čini mi se da ceo svet samo mene posmatra. Volim Stoju. Tu retko kad naiđu moji drugovi iz škole. Oni se kupaju na otvorenim plažama, tamo gde se ne plaćaju ulaznice. Idu u grupama, bez roditelja. Ukoliko neko od njih ipak zaluta na Stoju, vešto se krijem u gužvi, među golim telima, ili odlazim u dubinu šumarka, i čekam da opasnost prođe.

Mama je prezirala sve što je provizorno, svejedno da li se radi o kupalištu ili TV anteni. Nije podnosila popravke i prepravke. Ništa okrnjeno ili izgrebano nije imalo mesta u našoj kući. Bacala je tanjire, čaše, šolje čim bi uočila linije naprsnuća.

Na plaži je pretećim pogledom posmatrala decu koja viču, jure okolo, bacaju ogriske od voća na sve strane. Znala je da im podvikne kada bi pretrčali preko naših peškira. Roditelji su se blaženo osmehivali. Sestra i ja hteli smo u zemlju da propadnemo kada bi mama nekome od njih očitala lekciju. Prigovarala im je što pikavce od cigareta guraju u pukotine stena. Ponašala se kao čuvar kupališta. Jednom sam na ulici čuo neku ženu kako kaže svome mužu: „Vidi, zar nije to sin one ludače sa plaže?"

Pobedili su, mama. Ljudi sa plaže zavladali su svetom. Ravnodušni, otupeli od uživanja, bauljaju egzotičnim destinacijama. Ničemu ne znaju vrednost. Pod krinkom slobode kriju svoje jadne duše. Horde prostaka u firmiranoj odeći i obući vuku firmirane kofere i torbe po foajeima hotela. Preplavili su aerodrome i železničke stanice. Putuju kruzerima. Na sve strane valjaju se čopori turista. Zagadili su čitavu planetu.

Nemoralno je letovati na grčkim ostrvima a ne znati barem jednu antičku dramu. Kako se može putovati Španijom bez svesti da je Andaluzijom nekada jezdio

Vitez tužnog lika i njegov sluga Sančo Pansa. Hoćeš u London? Prvo da čujemo barem jedan Šekspirov stih. Može i Džon Don.

Mama je volela čiste istine. Preneti sve baš onako kako se dogodilo, sa preciznom intonacijom, izrazom lica, pokretima, komentarima izgovorenim u pola glasa. Bez duplog dna. Kriknuti istinu u lice svetu. I ne zaboraviti beleg zamrljane posteljine. Ni ugljenisanu rernu. U detalju je zapis celine. Dar nije ništa drugo do urođeni instinkt da se pod maskom sporednog prepozna suština. Redovno je pominjala nekog ministra za kojeg je iz prve ruke znala da mu sekretarica u avionu menja čarape dok on sedi zavaljen kao aga.

„To mnogo govori o čoveku. Ko hoće da vidi, sve će razumeti. Posle se čude kako primitivci i budale dođu na vlast. Nikada to nije bez najave."

„Lakše je zamišljati nego živeti", rekla bi nakon dužeg premišljanja. „Šta sve čovek u zanosu marljivosti može da zgreši, to sam bog zna."

I onda bi, više za sebe, dodala: „Lakše je biti pošten nego vredan."

Nakon povratka sa putovanja mama je sa zadovoljstvom prostirala veš na terasi. Svaki povratak je obnova doma, svi se mi obnavljamo kada se odnekuda vratimo, govorila je raspakujući kofere i torbe. Svaku stvar vraćala je na mesto, a novim stvarima odmah je određivala pozicije u stanu. Prešla bi rukom preko neke figure, ili ekrana televizora, kao da mazi kućnog ljubimca. Uzbuđivalo ju je tiho zujanje mašine za veš. Program centrifuge najavljivao je kraj ciklusa. Sve će opet biti na svom mestu.

„Deco, ne bih menjala dan povratka sa putovanja za bilo šta. Taj dan je najlepši. Mada, i dan odlaska na putovanje je lep. I samo putovanje. Ma, važno je putovati. Makar od kuhinje do terase.“

2.

Imam godinu dana. I ničega se ne sećam. Prvi put u hotelu. Na fotografiji se u pozadini vidi kamena ograda i tamni obrisi vegetacije u vrtu. Jednogodišnji dečak stoji ispred širom otvorenih vrata terase. Izraz lica mu je preplašen. Tek što se okliznuo na uglačanom parketu. Plakao je. Međutim, pojava fotografa sa lampom i aparatom momentalno mu zaokuplja pažnju.

Već tada pokazuje sposobnost da odmah zaboravi neprijatnost. Blesak svetla i najava novog kadra. Inicijacija bioskopske sale. Gusta vegetacija u pozadini pravi oštar kontrast sa licem dečaka. Doba dana: sumrak. Na poleđini fotografije crnim mastilom ispisano: *Hotel Palas, Ohrid, 22. juni 1954.*

Tačno dve decenije kasnije ponovo ću doći u taj hotel. Preuzeti mamino pismo na post restante u ohridskoj pošti. Podseća me na moje prvo putovanje. Prepoznajem u kitnjastom rukopisu napor da se ništa ne propusti. Brižnost učiteljice. Fotografsko pamćenje jednog običnog dana. Osetljivost na putovanje? Ili je već tada uveliko izmišljala sve ono što se moglo dogoditi? Odakle profesionalni fotograf, u tom času, na licu mesta, da snimi dečaka na ivici plača? Enigma je rešena usputnom beleškom u maminom pismu: u *Palasu* je odsela filmska ekipa koja je tih dana snimala dokumentarac o Ohridskom jezeru. Bila je majstor u anticipiranju mogućih pitanja. Zapravo, najviše energije trošila je da odgovori na pitanja koja je u ime drugih sama sebi postavljala.

Zašto je zapamtila taj dan? I da li je sve to baš tako bilo od časa kada smo ona, tata i ja došli na Ohrid? Kako je uopšte mogla toliko toga da zapamti? Njena memorija knjižila je stotine biografija. Neke osobe je samo kratko poznavala. Susreti u vozu, dan ili dva na putovanju, ali sasvim dovoljno da se čitavi životi ispričaju. Sve je poučno. Ništa nije suvišno. Sve ima svoj razlog postojanja u pravednom svetu učiteljice. Živela je ono što je pričala. Ono što je pričala, to je bila.

Rođeni enciklopedista. Pamtila je hrpe banalnih detalja. Slavila je svakodnevicu. Ne postoje prioriteti, sve je podjednako važno. Usamljeni prolaznik koji na pešačkom prelazu čeka zeleni signal, kolone mrava u travi, nasmejani staklorezac posle letnje oluje, raspored kreveta u internatu Učiteljske škole u Šapcu, prva vožnja automobilom marke sitroen od Rume do Bogatića.

Godinama je u posebnoj svesci uredno vodila evidenciju u kojim je sve hotelima boravila. Ta sveska nalazila se na dnu kutije od kaučuka, zajedno sa svežnjevima pisama. Kada su nam, tokom selidbe iz Beograda u Pulu, na stanici u Vinkovcima obili vagon, među ukradenim stvarima bila je i kutija od kaučuka. Ostaje zagonetka zašto svesku nije

ponela sa sobom. Jedino objašnjenje za maminu nesmo-
trenost nalazim u navici da je teško razdvajala stvari koje
su godinama ležale na istom mestu. Sveska je morala da
ostane u kutiji sa pismima.

Mnogo godina kasnije, dok se gasila u staračkom
domu, šaputala je omiljenu mantru – imena hotela u
kojima je boravila. Možda je tim činom pokušavala da
rekonstruiše sadržaj izgubljene sveske? Na momente bi
potpuno gubila svest da sam pored nje. Tada bih je pita-
njima vraćao iz duboke odsutnosti.

„*Terapija*. Kako gde?“, čudila se mom neznanju. „Naj-
lepši hotel u Crikvenici. U foajeu se samo češki govorilo,
kao da si na Hradčanima. Česi su obožavali Crikvenicu.“

Ćutala bi neko vreme i klimala glavom. Menjala izraze
lica, kao da se pozdravlja sa svim tim Česima u hotel-
skom foajeu.

„Onda su se preselili u Pulu.“

„Ko se preselio?“

„Pa Česi, pobogu! Zar si zaboravio da su na *Ribarskoj
kolibi* samo Česi letovali? U depandansu sa druge strane
puta, na rubu borove šume. Tamo je uvek bilo čisto. Česi
su uredni. Zato ih mnogi ne vole. Ne znam zašto je to
tako.“

Čarobna reč „depandans“ izgovorena maminim gla-
som. Ugrađivao sam u tu reč sve što bi mi palo na pamet
dok još nisam znao njeno značenje. Verovao sam da su
to nekakvi posebni hotelski prostori namenjeni samo za
povlašćene goste. Dugo mi je trebalo da u potpunosti
prihvatim činjenicu da je depandans sa stanovišta komo-
diteta u suštini drugorazredni hotelski prostor, namenjen
isključivo za spavanje, bez ikakvih drugih sadržaja. Čak

i kada su sobe komfornije od onih u matičnom objektu – što sam imao prilike da vidim odsedajući u luksuznim depandansima – taj komfor sam doživljavao kao neku vrstu nadoknade za sporedni status koji depandans ima u odnosu na glavnu zgradu hotela.

Sedim u stanu na Eržebet Korutu, u centru Budimpešte, tog junskog dana kada je mama umrla. Kažem naglas: Hotel *Lipa*. Naša prva pulska adresa. Sijalica u metalnoj kragni visoko na stropu. Slab napon monofazne struje dodatno pojačava osećaj tupog očaja i napuštenosti. Hladno novembarsko jutro. Na ulici lepršaju zastave. Državni je praznik. Stojim pored prozora. Pokušavam da se pogledom fizički udaljim od prostora hotelske sobe. Od ranog jutra, kada je stigla vest da nam je u Vinkovcima obijen i pokraden vagon, mama žestoko prigovara ocu što nije stavio katanac na vrata vagona, već je poverovao radnicima ekspedicije na beogradskoj stanici da je plomba sasvim dovoljna.

„Gde ti živiš, naivčino?", neprestano ponavlja. „Kako su te samo preveslali. Svi su oni u dogovoru. Tako je to u lopovskoj zemlji."

Otac je opominje da govori tiše. Nervozno gricka muštiklu i šeta duž sobe u modroj mornaričkoj uniformi. Sanduk sa njegovom garderobom takođe je ukraden u Vinkovcima.

Pusta Kandlerova ulica. Gole grane platana ispred prozora hotela *Lipa*. Zastave i parole na fasadama. Poneki prolaznik mine prazničkim jutrom. Taj prizor jasno vidim sa prozora stana na Eržebet Korutu četiri decenije kasnije, jednog sunčanog junskog dana kada je stigla vest o maminoj smrti.

Obijeni vagon u Vinkovcima – to je prva reakcija na maminu smrt. Izgovorio sam je u sluhu njenim glasom. Prilazim prozoru i gledam automobile i žute tramvaje koji jure duž bulevara. Pokušavam oprobanim trikom da umanjim bol. Princip je isti, svejedno da li sam na zubarskoj stolici ili me muče ljubavni jadi. Izmestiti se u neki drugi prostor, u neko daleko vreme. Blesak fotografske lampe u sobi hotela *Palas* na Ohridu zaustavlja plač. Tada sam prvi put isprobao veštinu bekstva od bola.

Nastavljam maminu mantru. Iskrsavaju foajei hotela, bezimeni ljudi, trgovi i ulice, fasade, odlomci dijaloga, koferi i torbe na metalnim rešetkama iznad sedišta u kupeima vozova. U tom času nemam pored sebe fotografiju sa Ohrida. Tek godinu dana kasnije, kada se vratim u Beograd, otkriću da je na poleđini datum 22. jun – dan mamine smrti četrdeset šest godina kasnije.

Koliko dugo u sluhu ostaju sačuvani glasovi bližnjih? Sa jasnim intonacijama.

Postoje reči koje su samo njihove.

„Bog s tobom." Omiljena mamina rečenica. Izgovorila bi je povišenom intonacijom. Skupila bi usta, iskosila pogled. Sledilo je žestoko osporavanje sagovornika, na korak do svađe.

Tog jutra u hotelu *Lipa* odbila je da pođe sa ocem na železničku stanicu. „Bog s tobom", ponavljala je sve vreme. „Idi sam. Imaš spisak stvari, pa će komisija lako da utvrdi šta je ukradeno. I donesi mi onu moju kutiju sa pismima u crvenom sanduku. To valjda nisu ukrali."

Slutim da nije mogla da se suoči sa neredom koji su lopovi ostavili za sobom u obijenom vagonu. Sve je u njenoj glavi bilo numerisano, porubljeno, opšiveno, uramljeno, simetrično. Ništa nije samo po sebi. Sve na ovom svetu proizlazi jedno iz drugog. Najbolja zaštita od neprijatnih pitanja jesu unapred smišljeni odgovori. Mama zapravo i nije razgovarala, već je odgovarala na pitanja koja je u sebi sama sebi postavljala. Iz te patološke potrebe za redom nastajao je najveći mogući nered.

Taj nered se taložio u meni. Čitavog života pokušavam da se oslobodim šinjela realizma koji mi je mama navukla. Nikako da shvatim da uvek negde neko ili nešto mora da bude. I da nikome ništa nisam dužan da objasnim. Recimo, dovoljno je da ptica leti. Nije moje da joj nađem granu na koju će da sleti. U svakom času imam pravo da zalupim vrata poglavlja.

Potpuno se pogubim u fantastici. Bajke mi oduvek stvaraju nelagodu. Izluđuje me svaki vid događanja bez racionalnog objašnjenja. Ne može se niotkuda doleteti. A tek letenje? Kojekakve čarobne lampe, ćilimi i ostale budalaštine. Pa ni kovčeg sa blagom ne nalazi se baš onda kada je najpotrebniji.

U početku, dok još nisam znao slova, mama bi mi pred spavanje čitala priče. Bilo je to u vreme kada smo živeli na Novom Beogradu. Sećam se basne o ljubavi mrava i pčele. Zalud sam je kasnije tražio kod Lafontena, Andersena, braće Grim. Najviše priča bilo je o stvarima i predmetima. Pamtim ispovest kućnog praga. Podozriv prema svakom došljaku, ponekad bi se stari škripavi prag nevidljivo pomerio i sapleo zlonamernika. I danas sam sumnjičav prema osobama koje se pri ulasku u kuću okliznu ili posrnu.

Kada se otac vratio sa stanice i saopštio mami da je ukradena i kutija od kaučuka, ona se zaplakala. Sestra i ja smo ćutali. Mama je jecajući govorila da nikada neće prežaliti pisma i svesku u kojoj su zabeležena sva njena putovanja – gradovi i imena hotela u kojima je boravila. I sve one priče.

Posle *Lipe*, dve godine kasnije, bio je hotel *Slon* u Ljubljani. Mama više nije vodila evidenciju. Ali, ja sam odlučio da u potaji pamtim i beležim imena hotela. U Sloveniju smo otputovali topolinom. Tata tek što je položio vozački ispit. Putevi su bili skoro prazni. Na svakom seoskom trgu nailazili smo na raspeća. U izlogu jedne ljubljanske knjižare ugledao sam romane Karla Maja. Te večeri, dok su se roditelji zabavljali u baru hotela *Slon*, ja sam ispružen na širokom krevetu čitao *Vinetua*.

Sirena hitne pomoći na Eržebet Korutu vraća me u junski dan. Jedno putovanje je okončano.

„Svako negde mora da bude", ponavlja mama dok me prati hodnikom doma. Pominje Čehe koji su toliko čisti i uredni da su zaslužili da imaju svoje vlastito more. Makar jedan mali zaliv, kao Slovenci. „Divno nam je bilo u Ljubljani, tata i ja smo dve večeri zaredom slušali, u hotelu *Belvi*, Ladu Leskovara."

„*Belvi* je bio u Splitu. Ladu ste slušali u *Slonu*. Tamo smo bili odseli."

„Bog s tobom, u *Slonu* je bio noćni bar. Pevala je Marijana Deržaj. Samo su stranci imali pristup. Stranci i kurve. Lado je pevao na igrankama u *Belviju*. Dobro pamtim. Ivo

Robić na Rijeci u *Plavom Jadranu*, a Dobri Stavrevski u *Palasu* na Ohridu. Svako je negde morao da bude."

Njenim glasom izgovaram mantru: *Palas* na Ohridu, *Lipa* u Puli, *Slon* u Ljubljani, *Neboder* na Sušaku, *Slavija* u Opatiji, *Terapija* u Crikvenici, *Bonavia* u Rijeci, *Belvi* u Splitu, *Grand* u Skoplju, *Evropa* u Sarajevu, *Union* u Beogradu, *Esplanada* u Zagrebu, *Vojvodina* u Novom Sadu, *Admiral* u Vinkovcima…

Prenoćište Raša.

Natpis iznad ulaza dvospratnice na uglu. Autobus iz Pule naglo usporava i skreće na trg malog rudarskog grada. Sledi petnaest minuta pauze.

Šetam pozornicom teatra Raša. Jer, sve je na tom trgu omeđeno kulisama: stanični ured, crkva, široke stepenice, dugačka pročelja zgrada, ramovi sa parolama na početku nečega što liči na ulicu, a samo desetak koraka u dubinu – iluzija nestaje. Rub pozornice. Grad je sablasno pust. Putnici su statisti u predstavi koja je za trenutak zaustavljena.

Godinama sam, putujući u Rijeku ili Zagreb, prolazio kroz Rašu. Četvrt časa za kafu, cigaretu, toalet. Udaljio bih se prema sredini trga. Zjape okrugli prozori bioskopa. Podsećaju na napušten brod. Uvek isti osećaj izmeštenosti u nigde. Zakratko isključen ton. Sam u nemom kadru.

Negde krajem sedamdesetih godina prošlog veka *Prenoćište Raša* nestaje iz mog vidokruga. Međutim, sama reč „prenoćište" sačuvala je specijalni status u memoriji. Ogoljena i tajanstvena, sluti na vreme nemaštine, na jevtine sapune i zadimljene čekaonice železničkih stanica, na sumorne izloge sa konfekcijskom robom i mlečne restorane. Na kofere bez točkova.

Kada se ugasi i poslednja zvezdica, hotel gubi kategoriju. Postaje prenoćište. Krevet, orman, lavabo. Toalet u hodniku. I san.

U hotelu živim u trećem licu. Sa drugom glavom.

Ostavljam tragove. Ne nameštam krevet. Uživam u luksuzu nereda. U slobodi. Jer, urednost nije ništa drugo do odsustvo života. Trijumf groba.

Misli malo, čujem majku.

To je značilo samo jedno: misliti onako kako ona misli. Izgubio sam kontakt sa sobom. Onda su počeli zapleti. I teskoba čim, krajem maja, počne sezona kupanja. Smisliti dobar scenario za plažu. Biti u društvu a ostati neotkriven po pitanju plivačke veštine.

Prvo ljubavno iskustvo imao sam jednog kišnog avgustovskog popodneva. Danima je duvao jugo. Naglo je zahladnelo. Plaže su opustele. Ja sam bio opušten i srećan.

3.

Često se dešava da ušavši u prostoriju zaboravimo zašto smo tu uopšte došli. Najlakše ćemo se prisetiti ako izađemo na ista vrata. Naučno je dokazano da ispitanici zadati zadatak tri puta češće zaboravljaju ako su pre njegovog izvršenja prošli kroz vrata neke prostorije, nego ako nisu. Razlog leži u tome što naš mozak vrata doživljava kao *granicu događaja* i smatra da su odluke donesene u nekoj prostoriji *pohranjene* u njoj kada je napustimo. Zbog toga ponovo možemo da ih se setimo ako se u tu prostoriju vratimo.

4.

Podrum *Vile Marije* je *granica događaja*, pozornica na kojoj se odvija zamišljeni život. Tu su sva bekstva moguća. Dugačak hodnik vodi pored vrata zabravljenih katancima do prostrane vešernice. Na oba spoljna zida, sasvim pri plafonu, duguljasti prozori sa rešetkama. Skoro čitavom dužinom jednog zida pruža se dubok betonski lavabo za ispiranje veša. U uglu, pored kazana, nalazi se stolica sa tapaciranim naslonom.

Taj dečak u vešernici sam ja. Nezadovoljnik, pobunjenik, persona iz podruma zgrade, čijim postupcima upravlja onaj „drugi", dvojnik sa sprata, onaj koji o svemu odlučuje pod čvrstom paskom majčinog odgoja. Zatočenik imperativa odgovornosti, dokraja posvećen zadatku anticipiranja svega što bi moglo da se dogodi. I zato, godinama kasnije, u rancu kišobran, baterijska lampa, suva majica, aspirin. Rekviziti kojima bi da upokoji onog rebela na prestolu između kazana i lavaboa. Nikada dokraja nije savladao četrdeset i tri stepenika koja dele vešernicu bivšeg hotela *Central* od stana na prvom spratu. Vrata podruma ostala su zatvorena.

Dve godine je *Vila Marija* bila vojni hotel pod imenom *Central*, u kojem su živeli engleski oficiri. Pričalo se da je za vreme rata tu bio bordel zatvorenog tipa, koji je, nakon kapitulacije Nemačke, preko noći postao hotel za visoke oficire. U septembru 1947. godine izvršena je primopredaja grada. Moj otac, mladi poručnik Jugoslovenske ratne mornarice, stoji na palubi tenkonosca na ulazu u pulsku luku. Anglo-američke trupe napuštaju grad. Usledilo je narodno veselje. Sa zvučnika po terasama i stubovima ulične rasvete odjekuju govori, partizanske pesme i marševi. Vijore se zastave. Parole po zidovima. Panoi sa likovima narodnih heroja. Euforija ovekovečena u filmskim žurnalima na platnima bioskopa širom zemlje koja je konačno zaokružila svoju teritoriju.

Ono što se ne vidi na bioskopskim platnima, čega nema na repertoaru *Filmskih novosti*, jesu pojedinačne sudbine. Ispražnjeni grad, pusti stanovi, buduća deca začeta u vezama Puljanki i stranaca. Jedna vojska je otišla, druga je došla. Izbeglički dani istarskih Italijana u logorima pored Trsta i Udina. U kazanima vešernice hotela *Central* iskuvana je prošlost. Rublje je opet čisto. Bez tragova.

Satima sedim u svom skloništu. Slutim da je tu srce *Vile Marije*. Kazan i betonski lavabo nepomerljivo postoje od samog početka. Čekam da se u polumraku podruma pojave stanari hotela *Central*. Zamišljam snažne engleske oficire u svetlim uniformama. I sumnjive žene koje pamte italijanske i nemačke uniforme. Još uvek neke od njih, sada već dame u godinama, prođu uskim prolazima i stubištima starog grada podno Kaštela. Prate ih duge korone zlobnih komentara dok iščezavaju u haustorima kuća u Gupčevoj i Kandlerovoj ulici. I one, i njihovi zajedljivi biografi, junaci su priča koje nikada neće dokraja biti ispričane.

Sasvim kratko, godinu ili dve, *Vila Marija* je dom za ratne siročiće. A onda, sredinom pedesetih godina prošlog veka, stižu novi stanari – zaslužni borci narodnooslobodilačke borbe. Među tom komunističkom elitom našli smo se i mi, nakon prekomande moga oca, koji je jednog novembarskog dana 1958. godine Dunav zamenio Jadranom. Umesto u beogradsko pristanište, gde je usidren stajao monitor *Sava*, otac je svakoga jutra odlazio u kasarnu Muzil, koja je sa mora čuvala prilaz u pulsku luku. Tim premeštajem ja sam među svojim vršnjacima uskoro stekao odrednicu: dečak iz Vile.

Širim prste. Brojim do deset. Pokušavam da sagledam vreme. Svaki prst jedna godina. Odbrojavam u sebi duge minute. Šta sve može da stane u jednu godinu. Koliko ljudi i događaja. Putujem kroz vreme i kada nisam u podrumu. Stepenice. Četrdeset i tri do stana na spratu. Toliko je godina mome ocu. Kada se na putu do škole spuštam skalinama prema Prvomajskoj ulici, na svakih petnaest stepenica zastanem na odmorištu, na onih nekoliko metara ravne površine. Sumiram pređeni put. Šta sam sve video kroz prozore kuća. Vlastiti život, tih desetak godina, potrošim pre nego što se spustim do prvog odmorišta. Ostatak puta je vreme buduće. Godine koje mi tek predstoje. Svakog dana na putu do škole prolazim tim neproživljenim životom. Jednom, nema sumnje, meriću vlastiti život pomoću tri slapa stepenica. Biću stariji od svog oca. A kada savladam i poslednji slap, u Prvomajsku ulicu stižem kao starac od sedamdeset godina.

Iz škole se vraćam dužim putem. Krenem Prvomaj-skom do Zlatnih vrata, i onda usponom, bez stepenica, prema kući. Čitav sat traje to putovanje. Zastajem, zavi-rujem u unutrašnja dvorišta sa baštama, vinovom lozom, stablima smokava i kalina. Zidovi obrasli lovorom. Čitam imena stanara na metalnim pločicama pored ulaznih vra-ta. Odatle, kasnije, strast prema telefonskim imenicima. Za priču je dovoljno ime, kombinacija nekoliko slogova koji proizvode sonorni zvuk, nekad tek škrgut udvojenih suglasnika. Negde na ulaznim vratima, umesto električ-nog zvonca, visi gvozdeni obruč pričvršćen za metalnu površinu. Ili lanac u žlebu dovratnika, koji pokreće meha-nizam sa klepetušom sa dvorišne strane. Posebno sam bio osetljiv na prezimena bez uobičajenog nastavka „ić", dugačkih samoglasnika, koja sam ja još više rastezao, slu-teći tajne deponovane u tim melodičnim šiframa.

Stari deo grada, gde se pre dolaska Rimljana nalazila gradina Histra, ispresecan je uskim prolazima koji pove-zuju Prvomajsku i Kandlerovu sa onim užim prstenom – Gupčevom ulicom. Sasvim gore, u središtu paukove mreže nalazi se Kaštel, venecijanska tvrđava iz 17. veka. Nema tih prstiju, ni stepenica, kojima bi se odbrojalo vreme koje deli rimskog legionara na galiji od moga oca, mladog poručnika Jugoslovenske ratne mornarice, zagledanog, sa palube ten-konosca, u pulsku rivu. Njihovi pogledi se sudaraju u tami vešernice. Tamo, na prestolu između kazana i betonskog lavaboa, vreme prošlo živi u vremenu sadašnjem. Čitav svet pulsira u glavi mladog odmetnika. Proviđenje se pobrinulo da svi dođu na red: i rimski legionar, i moj otac. I ja.

I engleski oficiri. Jer, ništa ne može tek tako da nestane. Sve što je bilo, postoji zauvek. Lebdi u bezdanu vekova.

Tada još ništa ne znam o prvim vlasnicima *Vile Marije*.
Ali, i oni su tu negde u džepovima vremena. Mimoilazim
se sa njima svakoga dana. Spavam u istoj sobi u kojoj su
i oni disali. Slutim njihovo neuništivo postojanje. Sve
one reči koje su izgovorili. Prizore koje su nosili. Svet je
beskonačno pretapanje.

Jednog jutra na vratima našeg stana pojavila se Lizeta,
mamina prijateljica iz kuće preko puta, sa nekom Italijan-
kom, ćerkom bivšeg vlasnika *Vile Marije*. Lizeta prevodi.
Mama ih poziva da uđu. Sestru i mene šalje u dvorište da
se igramo. Uskoro su i Lizeta i mama izašle iz stana.

„Trebalo je to da vidiš", kaže mama ocu te večeri.
„Zamolila me je da prošeta po sobama. Naš stan je bio
njen deo vile. Posle je dugo stajala na terasi i gledala okolo."

„To je gubitak, ovakva kuća. U poređenju sa tim, onaj
naš obijeni vagon u Vinkovcima jednostavno ne postoji",
primetio je otac.

Dopalo mi se kako je Italijanka stajala pored ograde
terase. Bila je otmena i gorda, kao sfinga. Posmatrao sam
je skriven u krošnji stabla. Sve vreme je kružila pogledom
prema brodogradilištu i Verudi. Narednih dana i ja sam
stajao, zamišljen, na terasi i lutao pogledom do udaljenih
kasarni na Muzilu, fabrike cementa i Mornaričke crkve.
Slutio sam da samo gubitak može tako da oplemeni lice
kakvo je imala ta Italijanka. Nije dovoljno da ti obiju
vagon u Vinkovcima. Gubitak mora biti mnogo veći.
Poželeo sam da se i meni jednom dogodi tako nešto, pa
da mi pogled bude gorak i tvrd.

Sa daljine od pola veka stojim na Kaštelu i gledam u dvo-
rište *Vile Marije*. Kroz krošnje stabala vidim kuću preko
puta, prozore Lizetinog stana na drugom spratu. Otkri-
vam da su dva prozora prema uglu zgrade u međuvre-
menu zazidana. Prazne zenice slepca. A nekada se baš
na tom mestu, između prozora, nalazio televizor. Jedan
od prvih u Gupčevoj ulici. Deca iz kraja dolazila su kod
Lizete da gledaju crtane filmove. Stariji su pratili serije i
festivale. Lizeta redovno gleda italijanski program. San
Remo. Mina, Klaudio Vila, Modunjo, Rita Pavone, Bobi
Solo. I Puljanin Serđo Endrigo. Kvizovi na RAI. *Sette voci*.
Pipo Baudo.

    U Lizetinom stanu proveo sam nekoliko dana kada je
moja devetogodišnja sestra učestvovala na festivalu *Djeca
pjevaju – Zagreb 1964*. Mama je otputovala sa njom u
Zagreb. Išao sam popodne u školu. Čim bi Lizeta ujutro
otišla na pijacu, ustajao sam iz kreveta i preduzimao istra-
živanja po stanu. Za tren-dva osetio bih nesvesticu usled
saznanja da se upuštam u zabranjenu radnju. Voajerska
sklonost stvorena u podrumu *Vile Marije*, gde pod prozo-
rima za tren-dva prođu gole ženske noge komšinica koje
prostiru veš u dvorištu, tek se tokom boravka u Lizetinom
stanu ostvarila u punom formatu.

    Ušao bih u onu drugu sobu, gde me Lizeta nije uvodila,
tamo gde je ona spavala. Po zidovima na desetine malih
uramljenih fotografija. Njih ću pažljivo zagledati kasni-
je, kada obavim istraživanja po ormanima i komodama.
Težak miris zimskih kaputa, bundi i ogrtača. Ženski šeširi
ukrašeni perjem. Po fiokama marame, svilene čarape,

šalovi, rukavice. U jednoj kutiji nalazim muški džepni časovnik i zlatnu ogrlicu. Ne pamtim Lizetu u tim elegantnim stvarima. Bila je uvek skromno obučena. Ove stvari kao da su pripadale nekoj drugoj osobi koja je nekada tu živela. Pa otišla.

Kasnije su na red došle fotografije. Čitav život na zidu. Iznad kreveta, na širokom panou od plute, požutele slike malih formata i razglednice, krzavih ivica, ponegde usled dugog stajanja i vlage mestimično već odignute od površine, uvijenih uglova. Gruba lica, čvornati povijeni nosevi, tamne oči, ukočeni pogledi. Fizionomije kao sa druge planete. Fesovi i kapice na glavama muškaraca. Zbijeni, prenatrpani pijačni prostori. Dućani. Ribarnice. Prizori sa ulica. Naslovi firmi ispisani kitnjastim, nerazumljivim slovima. Iznad širokog ulaza jedne palate tabla sa latiničnim slovima: *Kinematografos Odeon*. Devojčica u beloj haljini i sa dugim pletenicama na stazi u parku. Nalazim je na još nekoliko fotografija. Na jednoj sedi u krilu elegantnog muškarca sa leptir-mašnom i slamnatim šeširom. Taj isti lik, u tamnom odelu i sa policilindrom, stoji ispred dvospratne zgrade sa balkonima od kovanog gvožđa i širokih francuskih prozora. Na fasadi, uzdužno ispisana tabla: *Ksenodohion Egnatia*. Zatim, nekoliko crno-belih razglednica grada na moru. Gusti nizovi jarbola u pristaništu. U dnu jedne razglednice boje sepije, latinična slova: *Thessaloniki*.

Koraci u kuhinji. Hitro se odmičem od zida sa fotografijama. Lizeta se pojavljuje na vratima sobe. Osmehuje se i obraća mi se na nekom nepoznatom jeziku. Šuštave reči, kao da govori kroz lišće. Kaže da je to grčki, jezik kojim je govorila u detinjstvu. U Solunu.

Iznenađen sam njenom reakcijom. Očekivao sam prekor, ili makar pitanje šta ja tu radim. Kao što se dešavalo kada bi me mama uhvatila u preturanju po stvarima. Gde god bismo došli u goste, birao sam trenutak da se iskradem u neku praznu sobu i krenem sa istraživanjem. Bila je to moja strast. Govorio sam da ću, kada odrastem, biti istraživač. Otvoriti kriomice fioku u nečijem stanu, biti zapahnut mirisima iz ormana, dodirivati predmete, unositi se u prizore na fotografijama izloženim u vitrinama, ispunjavalo me je dubokim ushićenjem. I danas gubim dah kada zastanem pred odškrinutim vratima kakvog spremišta, magacina samoposluge, rešetkom podruma.

Na pomen Soluna kažem Lizeti da je i moj deda bio tamo, borio se u ratu. Svi koji su tamo ratovali zovu se *solunci*. Pre toga je bio na Krfu, posle u Tunisu, lečio se u bolnici u Bizerti od rana koje je zadobio prelazeći Albaniju. Lizeta se čudi kako sam upamtio sve te gradove.

„Ne pamtim ja samo gradove", kažem. I onda, ne čekajući njenu reakciju, počinjem da izgovaram prezimena sa metalnih pločica pored ulaznih vrata, onim redom kojim se javljaju na mojim svakodnevnim putanjama, niz dirki koje se odazivaju svaka svojim tonom.

Narednih dana, do maminog i sestrinog povratka iz Zagreba, često sa Lizetom šetam Solunom. Sednemo na krevet okrenuti licem prema panou sa fotografijama. Kao kada ja u vešernici zamišljam engleske oficire. I nisu sa nama samo likovi sa fotografija, već i oni koje Lizeta žmureći doziva. Tada se toliko izgubi da često nije ni svesna moga prisustva. Kao u transu izgovara grčke reči. Onda pređe na italijanski, koji ja malo razumem. Više nije u Solunu, već u Ankoni, pominje svoje pretke, porodicu

Benedeti. Pokazuje mi bradatog starca na ispucaloj fotografiji. Ambrođo Benedeti, Lizetin pradeda, otvorio je prvi evropski hotel u Solunu: *Albergo Benedetti*. Zatim ponavlja: *Ksenodohion Benedetti.*

Bešinarski vrtovi, kaže Lizeta. Tamo se igrala. Pored ograde parka prolazio je tramvaj. Dalje, prema Bari, u kvart crvenih fenjera, sa hotelima na sat, kao što su *Afrodita* i *Bahus*, bilo joj je zabranjeno da ide. Granica njenog sveta nalazila se iza stare pijace, sa nizom trgovina mešovitom robom: Kapon, Perahia, Modiano, Benmajor, Moreno. Igrala se sa decom jevrejskih trgovaca, od njih je naučila ladino. Nije išla u sinagogu, i nije imala dva imena kao ta deca – jedno za kuću, drugo za ulicu – kao njen najbolji drug Frančesko, koga su kod kuće zvali Abraham.

Zatim ćuti neko vreme. Ženski internat gospođe Haslinger u Beču, kaže. Tu je provela pet bezbrižnih godina. Učila je solo pevanje na akademiji. Kada je počeo rat, roditelji su je poslali kod rođaka u Trst. U zavetrini grada na Jadranu trebalo je da sačeka kraj rata. A onda se u Solunu desio veliki požar. Čitav kvart u kojem su živeli njeni roditelji izgoreo je do temelja. Nestali su i oni. Taj grad više ne postoji. Sada je tamo neki drugi grad koji se tako samo zove, ali nema više onih ulica i trgova gde je rasla, nema kuća, parkova, ničega što pamti, što postoji još samo ovde na zidu; i u njenom pamćenju. Nema ni grobova roditelja. Tela njihova nisu pronađena.

Zatim priča o Trstu. Živela je u udaljenoj četvrti Šervola. Pokazuje mi fotografiju gde stoji na platformi tramvaja. Pored nje je mladić u uniformi. Leti je u otvorenom tramvaju odlazila na plaže Barkole. Ponavljam za njom imena tršćanskih kvartova. Pamtim zvuk, intonacije reči kojima ću razmotavati rolne filmova u mom skloništu, u vešernici. Kao kada kažem: Bizerta. Vidim svoga dedu u beloj svetlosti Afrike. Stotine dana isceđenih u ništavilu. Ožiljak na ruci nakon vađenja gelera. I desni kažiprst koji nije mogao da savije.

Lizeta odmiče dalje, istarskom obalom. Posle Trsta živi u Rovinju, pa na Crvenom otoku, da bi se konačno zaustavila u Puli. Kuća na uglu, pored zida Arsenala, gde tramvaj usporava i pod oštrim uglom okreće prema San Polikarpu. Kasnije se doseljava u Gupčevu ulicu. Uski prolazi i stepeništa ispod Kaštela, skrivena tesna dvorišta i vrtovi, kuće koje su usled mnogih dogradnji srasle jedna uz drugu. Sve je podseća na solunski kvart njenog detinjstva.

Uživao sam u tim ritualnim putovanjima, u obilasku solunskih parkova, ulica i trgova, čija sam imena već posle prve šetnje upamtio. Bio sam Lizetin idealni saputnik, istreniran tišinama u podrumu *Vile Marije*. Povremeno bi mi uputila mek, prazan osmeh, lišen svakog doživljaja. Samo fini umor od proživljenog. Decenijama kasnije prepoznajem taj osmeh bez koordinata na licu moje majke, dok me prati hodnikom doma u kojem je provela poslednje godine života.

Stojim na zidu podno Kaštela, u zimskom sumraku, zagledan u dvorište *Vile Marije*. Prozori u mojoj sobi su osvetljeni. Ko je taj neko ko sada živi u tom prostoru? Ko se to naslonio na moju prošlost? Kao što sam se ja naslanjao na engleske oficire, i na onu Italijanku. Kakva moćna dramaturgija pokreće priče! Kada ispari prazan hod, šta ostane? Slepi prozori. Umoljčane stvari po ormanima i fiokama.

Anegdote. Dobro upakovane laži nastale prepričavanjima svega onoga što jeste nekada bilo. Mnogo se htelo. Pokušavalo se bezbroj puta, odustajalo još češće. Dugo je sijao žar namere. Verovalo se da je večan. Da nema straha koji ga može ohladiti, stvrdnuti u teskobu. Niko nije kriv što je ispalo drugačije, što su zablude jedini pouzdani eksponati taštine. I zato, lekovito je zagledati se u prozor koji je godinama ramio svakodnevicu. Možda se otkrije stavka koja nedostaje, bez koje se ne može ispostaviti račun za kukavičluk, za promašaje. Ništa ne pripisivati drugome. Bez velikih reči kojima bi se ublažilo priznanje; omogućilo još jedno bekstvo.

Sati kaplju ritmom infuzije.

Koliko je samo prijatelja, rođaka i poznanika prespavalo u našem stanu. Obično bi došli za vikend, da obiđu sinove u pulskim kasarnama. Sećam se izvesnog Velizara, mornara čija je verenica bila rođaka moje majke. Satima ne bi izlazili iz sobe. Pitam se da li i danas, u nekom budžaku njihove memorije, žive prizori iz *Vile Marije*. Makar miris lovora sa visokog zida prema Kaštelu. Kao što su u meni nepomerljive rolne tepiha u robnoj kući *Istra*, kod Zlatnih vrata. I ne samo što mogu dozvati zagušljivi vazduh sa odeljenja tepiha i zavesa na spratu, zlatne odsjaje u ogromnim staklenkama parfimerije u prizemlju, tamo gde se kupovalo na meru, već i glasove iz obližnjeg restorana društvene ishrane *Sljeme*. Neprevodivost pojmova jedne epohe najbolji je dokaz njene autentičnosti.

Svako vreme ima svoj miris.

Barić, profesor istorije, govorio je da čitav srednji vek užasno zaudara. Od smrada se jedva prolazilo ulicama. Nisu se kupali. Praznili su nokšire kroz prozore. Bili su okruženi sasvim drugačijim mirisima nego mi danas. Vazduh je bio drugačiji. Ukus vode, mesa, voća. Jasno čujem profesora, njegov hrapavi glas strastvenog pušača, kako na salve našeg smeha mirno nastavlja da nam objašnjava pojam prolaznosti. „Vaši unuci neće znati šta je to drogerija, železara, farbara. Neće postojati ni varikina, ni vosak. Neće biti trgovina *živežnih namirnica*. Gutaće se samo tablete!" Tu poslednju rečenicu izgovorio bi pretećim tonom.

Obećao sam sebi da u svakom času, kad god mi se prohte, mogu da zalupim vrata poglavlja.

Tras!!!

5.

„Kako ti je? Ovde kao da je malo hladno?", pitam majku, tek da nešto kažem, dok odmičemo hodnikom prema malenom dvorištu.

„Nešto uvek nedostaje", odgovara osmehujući se.

„Kakvo ti je društvo?"

Kroz širom otvorena vrata jedne sobe za trenutak vidim starca u kaputu. Sedi na krevetu nagnut nad praznom šahovskom tablom.

„Volim da šetam Sušakom. Nekada je na mostu kod Fiumare bila granica Kraljevine Jugoslavije i Italije. Posle se ispreturalo."

„Da", odgovaram odsutno. „A hrana, je li dobra?"

„Dobri Stavrevski, je li još živ? Kako je on lepo pevao, onda na Ohridu."

„Ne znam za Stavrevskog. Nedavno sam na Terazijama video Ladu Leskovara…"

„U Rijeci se dugo živi."

„Dobar vazduh…"

„Najvažnije je imati ritam. To je gospodstvo. Svakoga dana u isto vreme piješ belu kafu, čitaš novine, zalivaš cveće… Pa odlaziš na pijacu, ili šetaš… Moje gazdarice na Sušaku, sestre Car, Milkica i Irma, doživele su duboke devedesete. Imale su ritam. U Rijeci svi imaju ritam, i zato dugo žive. Groblja su im puna stogodišnjaka. Kada izgubiš ritam, onda dolazi bolest. I kraj.“

„Držale su trafiku kod hotela *Neboder*?“

„Može se biti gospodin i držati trafiku. Irma je govorila šest jezika. Milkica je svirala violinu. Nisu se udavale.“ Zaćuti. „Imale su mnogo vremena.“

Ćutimo oboje. Dok smišljam novo pitanje, ona me iznenada pogleda pribrano.

„Šta ti radiš? Pišeš?“

„Da. Pišem novi roman.“

„Sigurno opet nešto izmišljaš“, gleda me prekorno. „Ne volim kod tebe to što izmišljaš. Pravi pisac ne izmišlja. Malo je pravih pisaca“, kaže.

Pratim njen pogled, koji se ponovo zatamneo, prevukao skramom, zaustavljen visoko gore, na vrhu solitera preko puta.

„Važno je gledati u sebe. Onda sve samo dođe. Kao na filmu.“

Ćutim. Puštam je da gleda u sebe.

„Ne mogu uvek svega da se setim, ali baš to je zabavno, što nikada ne znaš šta će se pojaviti iza ugla. Ne žuriti. Ti nikada nisi opušten“, kaže. I ponovo taj prekorni pogled.

„Ne misliš možda da to ima veze sa tobom?“, odvraćam nervozno i već zauzimam gard. „Stalno smo negde jurili. U poslednji momenat bismo došli na stanicu. Uskakali u vozove u pokretu. Nikada nismo kao sav ostali svet stigli u bioskop na vreme. Poguřeni smo se provlačili između redova, u mraku, dok su svuda oko nas negodovali i psovali. Ne pamtim jedan početak nekog filma. Zato sada moram da izmišljam."

„Bog s tobom!", prezrivo je odmahnula rukom. „Sada sam ti ja kriva. U tvojim knjigama ništa ne mogu da prepoznam. Kao da si živeo negde drugde. Zar je moguće toliko toga mimoići?"

„O čemu bi trebalo da pišem?"

„Pa o onome što poznaješ, što si doživeo, što jeste tvoj život. Gde su oni ljudi, one kuće i ulice? Jednu osobu da sam kod tebe prepoznala, makar iz daljine. Gde si ti upoznao sve te spodobe?"

Ćutim.

„Sećaš li se Lizete?"

Naravno da sam se sećao Lizete.

„Prvo jutro kada smo došli u Pulu… To nikada neću zaboraviti. Te noći su nam obili vagon u Vinkovcima, tvoj otac, bog da mu dušu prosti, nesposoban kao uvek, nije me poslušao da stavi katanac na vagon. Opljačkali su nas do gole kože. Sve su mi uzeli, sve što je bilo moje…", kaže, i neki detinji bes i tuga preplavljuju joj lice. „Lizeta je prva osoba koja nam je prišla. Ona vas je čuvala dok smo tata i ja sređivali stan."

„Sećam se njenih soba. Zidovi obloženi fotografijama."

„Svašta se o njoj pričalo", nasmeja se šeretski. „Ljudi su zavidni prema onima koji ne propuste život."

„Pamtim usamljenu staricu."

„Staricu?", pogleda me zaprepašćeno. „Opet izmišljaš. Nije bila mnogo starija nego što si ti sada."

Zastajem zbunjen nad ovim podatkom; neće biti da je tako. Koliko je samo godina provela na Crvenom otoku, kod Hiterotovih. Kako li je dospela do njih? Kao da mi čita misli, mama nastavlja:

„Bila je družbenica mlađoj baroničinoj ćerki Barbari. Upoznale su se još u Trstu. Kada je Barbara odlučila da se nastani na Crvenom otoku, pozvala je Lizetu. Posle su se razišle."

Za samo nekoliko minuta zasula me istorijatom nesrećne porodice Hiterot sa Crvenog otoka, da bi odjednom prešla na susedno ostrvo, Katarinu, vlasništvo čudaka i razvratnika grofa Milevskog, koji je u mrtvačkom sanduku pobegao iz rodne Litvanije, zbog nekog ubistva.

„Odakle ti to?"

„Kad smo kupovali kuću… tata je plovio kod *Jugolinije*, bilo je para… Lizeta je sa mnom obilazila Istru, od Rovinja do Umaga. Vozio nas je urar Maleša u svom mercedesu. Kakvih se sve kuća i stanova u to vreme moglo kupiti u bescenje. Na jednom od tih obilazaka otišli smo na izlet do Crvenog otoka. Bili smo i na Katarini. To što mi je tada ispričala, ne bi moglo da stane ni u deset romana."

„Na kraju niste ništa kupili."

Oseća skriveni prekor u mome glasu.

„Tvoj otac je bio na brodu, nisam mogla sama da odlučujem", brani se žustro. „Dok on dođe, uvek bi u međuvremenu nešto iskrslo."

Gledam je odsutnu, pogleda prikovanog za zid koji dvorište doma deli od ledine sa soliterima. To je onaj pogled sa poslednje adrese. I koliko god još da živi, koliko god solitera u međuvremenu da izraste na ledini, zid će ostati. Ništa se više neće promeniti na tom ekranu, do samog kraja. Računam koliko je meni vremena preostalo do te poslednje adrese, kada znaš da više nikavih promena ne može biti, da te čeka tek puko trajanje, sa manje ili više bolova? Sanjivi zagrljaj demencije jeste božja nagrada za sve one muke i neizvesnosti.

„Imala je ljubavnu aferu sa grofom Milevskim", izgovorila je hvalisavim šapatom. „Sećaš se da sam vas vodila na njegov grob?"

„Gde?"

„Kako gde, pa na rovinjskom groblju."

„Koliko smo mi grobalja obišli, ko bi to popamtio."

„Pa nisi valjda sve zaboravio?", opet se ljutnula.

„Nisam. Pamtim groblje na Sušaku, i ono splitsko…"

„Na Sustipanu."

„Pamtim šabačko groblje. I ono u Sremskoj Kamenici, grob čika Jove Zmaja…"

„Piši o Lizeti", prekide me, nezadovoljna ironijom koju je slutila u mom odgovoru. „Bila je živa u životu. Njen život je roman."

„Dobro, važi!", kažem tek da bih nešto rekao.

„Šta me tako gledaš? Jednom, kada ti se sve izbistri, razumećeš da je mama bila u pravu."

Pogledala je u stranu, prema klupi gde su sedele dve starice iz doma. Posmatrale su nas. Mama im je klimnula glavom. Uzvratile su pozdrav mahnuvši nam rukom, jedna pa druga. U toj neobičnoj sinhronizaciji osetio sam svu jezovitost ustanova za stare. Groblja su mnogo prijatnija mesta. Mrtvi su bliži i životniji u zauvek određenoj konačnosti. Udaljili smo se nekoliko koraka prema ogradi dvorišta.

„Nikada nisi pisao o plažama na koje sam vas vodila. Gde su Stoja, Valkane, Gortanova uvala? Kolači *Kod Mađara*? Pokloni koje sam vam donosila iz Pariza, iz Trsta... Ima li nešto iz života u tvojim knjigama? O čemu sada pišeš?"

„O hotelima."

„O hotelima? I ovo ovde je hotel, nema baš mnogo zvezdica, ali veselo je. Kao u odmaralištu u Selcu. Tamo sam vodila đake, još se ti nisi bio ni rodio", kaže, i onda, zamišljena, ne skida pogled sa klupe na kojoj sede one dve starice. „Bože, kako liče..."

„Na koga?"

„Na sestre Car. Iste Milkica i Irma. I klupa, kao da je ona ista sa Trsata. Reci, zar nije tako?"

„Jedva ih se sećam."

„Ne sećaš se Milkice? Koliko si samo sladoleda sa njom pojeo u *Slavici* na riječkoj rivi. Ni toga se ne sećaš?"

„Jeo sam kolače, sladoled mi je bio zabranjen zbog krajnika."

„Bog s tobom. O čemu pričaš? Krajnike smo ti operisali čim smo došli u Pulu."

„Niste mi vi, ni tata ni ti, operisali krajnike, već doktor Slišković. Ležao sam u sobi sa dva mornara, toga se odlično sećam. Ali ne sećam se Milkice. Pamtim njihovu kuću na Vidikovcu, pored crkve. Znam iz priče da me je vodila na kolače. Sladoled sam jeo kasnije. Tada je samo Irma bila živa."

„U Vinkovcima su nam obili vagon. Tata nije hteo da stavi katanac. Sve su nam pokrali", ponavlja tihim glasom. Upućuje mi dug, odsutan pogled.

„Toga se sećam."

„Pa piši onda o tome.“

Ćutim. Mama ne odvaja pogled od zida.

„Prvi put sam bila u Puli još 1949. godine, službeno, na jedan dan. Radila sam tada u Direkciji luka Severnog Jadrana u Rijeci. Spustila sam se u park ispod Arene, sela na klupu i gledala u more. Žive duše nije bilo, usred bela dana. Baš niko da prođe ni parkom, ni rivom. Tek nakon dobrih pola sata iz smera Arene pojavi se biciklista, spušta se nizbrdicom, pa i on prođe. I opet nikoga. Prazan grad. Pustara. Da mi je neko tada rekao da ću u tom gradu proživeti trećinu života, rekla bih mu da je lud. Eh, kada bi se moglo znati šta nas čeka…“

I onda, onako usput, pomene da se pred Rašom autobus pokvario. Noć pada, vozač ne može da popravi kvar. Neki putnici iz obližnjih sela kreću peške kući. Nailazi veliki crni automobil, izlaze dvojica u kožnim mantilima i sa kačketima. Kažu šoferu da će poslati mehaničara. Jedna devojka ih moli da je prevezu do Opatije. Oni pristaju.

„Kad sam videla da ta devojka ide, priđem i ja, kažem da bih do Opatije. Zapravo, do Rijeke. Oni se smeju. Shvatim da su malo pripiti. Jezivo su bazdili na beli luk. Putnici su ih nemo gledali, niko da pisne. Nas četvoro nastavljamo put limuzinom. Tada sam prvi put čula za Hiterotove. 'Dobro gura ova baronica', tako je sve vreme govorio vozač, hvaleći automobil. Njih dvojica bili su udbaši iz Labina. Stalno su se nešto domunđavali i cerekali. Baš su bili popili. Kada smo stigli u Rašu, pozvali su nas u hotel na večeru.“

„U Raši nema hotela, samo ono bedno prenoćište“, kažem.

„Bog s tobom, bio je hotel u samom centru. Posle stigao autobus, putnici nagrnuli u restoran, pa sam se nekako izvukla od one dvojice. Mala iz Opatije ostala sa njima.“

Prepoznajem pauzu, onaj zagonetni zastanak koji redovno nastupa kada bi trebalo da se desi kakav rasplet. Da se sazna zašto je priča uopšte započeta. Šta se u stvari dogodilo. Kako se završilo.

Mala iz Opatije ostala sa njima.

Otvoreni kraj priče. Dopisati ono što je neprikladno i pomisliti, a kamoli izgovoriti. Samo naznaka, mutni obris. Prolazi naizgled slobodni, a zapravo sva vrata pod ključem. Nikada ništa nije jasno rečeno. Tako je avetima, himerama, lažima naseljavano čitavo moje detinjstvo. I zato kasnije, kada odrastem, sklonost prema provizorijumima, površnostima, plutajućim kursevima zavodnica u koje sam se zaljubljivao.

„U to vreme je i tata u Puli", kažem tek da bih je pokrenuo iz duboke odsutnosti.

„Svako negde mora da bude. Sve ima svoje vreme. Tata i ja ćemo se upoznati tri godine kasnije, u Aranđelovcu. Ali, zašto ja to tebi pričam? Ionako ćeš sve izmisliti. Ne zanimaju me izmišljotine. Zato više ništa ne čitam. I da znaš, neće svet propasti zbog ozonske rupe, niti zbog Marsovaca, već zbog laži."

Pogledala me je suznih očiju i tiho rekla: „Hajde, idi."

6.

Svako negde mora da bude.

Tog junskog popodneva 2000. godine, kada je moja majka prešla u bolji život, nalazim se u stanu na Bulevaru Eržebet u Budimpešti. Dole, na ulici, žuti tramvaji probijaju se kroz saobraćajnu gužvu, jure koridorima – nizom betonskih polukugli odvojenim od traka u kojima se kreću automobili.

Da, važno je konstatovati te betonske polukugle, uočiti što više nevažnih detalja, pobeći mislima u banalnosti, potisnuti bilo čime vest o majčinoj smrti. Pratim liniju metalne ograde na pešačkom ostrvu ispred kafea *Njujork*, neku ženu koja se zagledala u izlog komisiona, zatim zelene putokaze na stubovima električne rasvete, reklamu turističke agencije na Trgu Blaha Lujza. Onda, opet, tramvaji.

„Štutgartska metoda", čujem mamin glas.

Štutgart je prvi grad koji je uveo posebne koridore za tramvaje, na koje automobili nisu imali pristupa, što se zatim proširilo po čitavoj Evropi.

Pokušavam da uhvatim matricu dementne priče. Jer, jednom se štutgartska metoda odnosila na tramvaje, a drugi put na izvesnog baštovana Ciglera iz Štutgarta, i njegovo uređenje parkova. Sumnjajući odavno u sve što majka izgovara, proveravam baštovana na Guglu: Posetio je Beograd nakon odlaska Turaka, kako bi kod novih srpskih vlasti dogovorio posao. Malo je nedostajalo pa da se zelene površine u srpskoj prestonici urede po njegovim nacrtima. Ipak, nigde ne piše da je reč o štutgartskoj metodi.

Mama je svakodnevno upražnjavala vežbe podsećanja. Neshvatljiv joj je bio pojam dosade. Uzela bi jednu od kutija prepunih fotografija, polako prelazila sa jedne slike na drugu, pokušavala da se priseti ne samo imena pojedinih osoba, već da u nekoliko rečenica uspostavi kontekst, odredi njihove uloge u beskonačnom univerzumu prošlosti.

Ili bi satima preturala po ormanima i fiokama. Oraspoložilo bi je otkriće predmeta na koji je bila sasvim zaboravila. Sa tim predmetom za nju bi od zaborava bila spasena čitava jedna epizoda. Opsesivno je želela da u svakom trenutku raspolaže kompletnim bogatstvom svoga iskustva. Zato je trebalo stalno se prisećati proživljenoga, pažljivo uspostavljati vladavinu nad čitavom tom nepreglednom teritorijom. Bez konstantnog uvida u pređeni put, život ne bi imao smisla. Ne treba izmišljati, treba se samo prisećati. Život je božje delo dato na privremenu upotrebu. I zato se prošlost mora obnavljati, da bi živela. Otac je plovio morima i okeanima a majka vlastitim životom.

Tog junskog popodneva, kada je stigla vest o maminoj smrti, pokušavam da odgovorim na pitanje odakle ja tu gde jesam, u iznajmljenom stanu na Bulevaru Eržebet u

Budimpešti. Odakle ta žena pored mene? Taj svet koji nas okružuje? Taj ja? Drugačiji od uzorka kakav je trebalo da postanem. Sve je u početku bilo logično, predvidivo, jasno. Svet kao katalog. Odatle sam krenuo. A našao se u svakodnevici kakvu nisam želeo, u životu koji nije moj. Sa nekim meni stranim navikama i ritualima. Bez logičnog rasporeda dnevnih obaveza. Šta se to dogodilo da jedem jela koja mi ne prijaju? Radim ono što ne volim? Govorim ono što ne mislim? Verujem da ta žena pored mene bolje zna kako mi je nego ja sam. Živim sa neraspakovanim koferima. Jednom nogom u odstupnici. Stalno u potrazi za čvrstom tačkom gde bih predahnuo, otkrio greške, i onda, tako obnovljen, uputio se u pravom smeru. Jer, ovo što sad živim, ne može biti moj život. Ništa nije na svom mestu. Stvari, ljudi i događaji imaju po nekoliko senki. Šta se to izdešavalo pa sam stigao tamo gde nije trebalo? Naizgled nerešiv zadatak. Ili, kao mama, bez razmišljanja pronaći krivca u drugome? Za sve neprijatnosti, pogrešne izbore i loše okolnosti.

Nasumice listam debelu knjigu memorije. Nešto će već iskrsnuti.

Fotografija mosta na Rječini, gde je nekada bila granica Kraljevine Jugoslavije i Italije, slikana sa Sušaka (Foto B. Fučić, 1947. god.), jedna od retkih koja je preživela pljačku vagona u Vinkovcima. Sasvim slučajno našla se u maloj kolekciji porodičnih slika koje sam poneo napuštajući Beograd u zoru 24. marta 1999. godine. Kada tog istog dana, rano popodne, nekoliko sati pre nego što su prve NATO bombe pale na moj grad, izađem iz voza na peštanskoj stanici Keleti, preda mnom se ukazuje nepregledna ulica Fiumei ut – Riječki put, koja vodi pored groblja

Kerepeši. Ali, bekstva su počela mnogo ranije. Davno su upisani putevi kojima se mora proći.

Modra sijalica spavaćih kola u vozu na relaciji Beograd–Pula svetli iz daleke novembarske noći 1958. godine. Tada sam prvi put zakoračio u međuprostor između dva doma, novobeogradskog, koji sam prethodne večeri zauvek napustio, i pulskog, kojem idem u susret. Dodir strepnje da se putovanje možda nikada neće okončati, da ćemo zauvek ostati u limbu noći. Pola veka ne prestaje da tinja ta modra sijalica. Odredila je lektiru koju sam čitao, svetove u kojima sam se nastanio, junake koji će mi postati bliži od krvnih srodnika. Nepogrešivo ih prepoznajem pri prvom susretu, kao što se to dogodilo sa Štajnerom na osamdeset šestoj strani Remarkovog romana *Ljubi bližnjega svoga.*

Zastade pod fenjerom i izvadi pasoš. Johan Huber!
Radnik! Ti si mrtav i truneš pod zemljom, negde oko
Graca – ali tvoj pasoš živi i važi kod vlasti. Ja, Jozef
Štajner, živim; ali bez pasoša, mrtav sam za vlasti.
Nasmeja se. Hajde da se trampimo, Johane Huberu!
Daj mi tvoj papirnati život a uzmi moju smrt bez
papira! Kad nam živi ne pomažu, mrtvi moraju to
da čine!

Johan Huber, alias Jozef Štajner, postao je moj nerazdvojni pratilac mnogo pre nego što su bombarderi NATO alijanse poleteli iz Avijana prema Beogradu. Godinama ranije stajao je taj Johan Huber sa mnom, u redu ispred stranih konzulata, pored mene popunjavao formulare, ne bez strepnje posmatrao uniformisana lica na granicama dok sumnjičavo zagledaju pasoše iz istočnih krajeva. Sa njim uz sebe otkrio sam onu neotuđivu teritoriju u sebi samom, za koju ne važe vize i pasoši. Gde nema zastava i graničara, grbova i himni, gde vlada tišina vlastite savesti. I zato, što dalje od velikih reči, od zapenušanih govornika, lažljivih pesnika i pohlepnih popova, što dalje od trpeza gde se goste i grle policajci i kriminalci, gde nišči duhom polažu zakletve, gde se punih bisaga besedi o patriotizmu.

Vratiti se na mesto odakle se krenulo, u novembarsku noć 1958. godine, kada su uniformisana lica i putnici govorili istim jezikom. Lafeti topova ukopani u pesku ispred gradskih zidina na graviri u foajeu hotela *Lipa*. Pusta Kandlerova ulica u prazničkom jutru. Neuništive kulise grada čija ljuštura svakih pola veka prima nove stanovnike. Oni se kreću, jedu, spavaju, svađaju se, vode ljubav po stanovima u kojima se do juče govorilo nekim drugim jezikom.

Seanse gledanja u šolju. Tokom prvomajskog izleta na Bled mama posećuje neku vračaru kod koje navodno dolaze i visoki slovenački rukovodioci. Uveče, praveći se da spavam, prisluškujem mamin razgovor sa ocem. Čujem da mi je sudbina namenila dugačak put, da ću preći okean i živeti u Americi. Bogat i srećan. Otada u meni odluka da nakon gimnazije studiram pomorstvo u Rijeci. I da što pre krenem putanjom koju je otkrila vračara sa Bleda.

Dante Aligijeri u benediktinskom manastiru na brdu Sveti Mihovil u Puli gleda grobove koje će pomenuti u *Božanstvenoj komediji*. Čitav univerzum sabijen u tercinama, uredno složeni dosijei, svakom lupežu odredio je poziciju u nekom od devet krugova pakla. Pre nego što vratim knjige u gradsku biblioteku, prepisujem kratke odlomke. Činim to sistematično, u zasebnim sveskama: za pejzaž, za dijaloge, za opise gradova, za ljubav. Štutgartskom metodom uređujem svakodnevicu.

Mamin krik u noći, nekoliko dana uoči odlaska u starački dom. Prilazim odškrinutim vratima sobe. Sedi gola na naslonu fotelje. Sve tri fioke velike komode su izvučene. Jednom rukom oslanja se na rub gornje fioke, spuštene glave, kao da nešto traži na podu. Nešto važno nedostaje u tom jezivom kadru.

Kao da je presnimljen, samo bez krika, iz jedne druge noći. Virim kroz odškrinuta vrata sobe u kojoj baka Danica izvodi ritual pred spavanje. U čašu vode nakapala bi tinkturu od gloga, promešala i popila naiskap. Zatim bi skinula maramu, i raspustila dugu sedu kosu. Sve vreme nešto šapuće. Po nekoliko puta priđe ikoni Svetog Đorđa. Iz ormana vadi zamotuljak, vuneni prsluk bež boje, i stavlja ga pod jastuk. Na tom prsluku su tri rupe, tragovi od metaka kojima je, jedne novembarske noći 1943. godine, ubijen iz zasede njen mlađi sin Dragomir, brat moga oca, komandant Sićevačkog partizanskog odreda. Prvo se pričalo da su ga ubili Bugari. Kasnije su to bili četnici. Šest decenija nakon pogibije saznajem da je bio žrtva ljubomore i zavisti, ubili su ga njegovi partizani. Žena zbog koje je navodno stradao živi u kući na obodu sela. Prilazim ogradi. Snimam staricu zabrađenu maramom kako okopava baštu. Na zvuk škljocanja mobilnog telefona za trenutak se uspravila. Lice joj je grubo i preplanulo od sunca. Podseća na indijanskog ratnika. To je lice koje je ljubio moj stric. Brzo se udaljavam. Gore, na brdu, iza seoske zadruge, nalazi se spomenik Dragomiru Velikiću.

Dodirujem ukočeni kažiprst moga dede, uspomenu sa Solunskog fronta, dok sedimo u motelu kod sićevačke brane. Prvi put zajedno u pijanstvu. Savladavam gađenje od dedinog tela. Uvek se osećao na znoj i rakiju. Na smežuranom vratu jasno se vidi linija na kojoj se tokom jutarnjih brijanja zaustavlja njegova britva. Ispod kragne naziru se maljave grudi. Priča mi o Bizerti. Bordeli pod šatrama. Pominje ubistvo jedne prostitutke. Srpski vojnik potegnuo pištolj u trenutku kada je nesrećnica počela felacio. Na suđenju se branio da je mislio da hoće da mu odgrize ud.

Prošlo je dvanaest godina od onog junskog popodneva u Budimpešti kada je stigla vest o maminoj smrti. U mom adresaru sve više je nepoznatih ljudi. Iskrsavaju imena koja ne mogu da povežem sa određenim likovima, situacijama, pričama. Krećem se nasumice, puštam da me put vodi.

Kad god bih se našao u Rijeci, odlazio sam do Guvernerove palate, i tražio zgradu u koju je trebalo da se preselimo nakon što je tata počeo da plovi kod *Jugolinije*. Jednog kišnog popodneva, tokom letnjeg raspusta, otputovali smo u Rijeku da pogledamo budući stan. Nedelju dana ranije, riječka porodica obišla je *Vilu Mariju*. Sa njihove strane odluka o selidbi već je bila doneta. Čekalo se na nas. Međutim, mama je nakon razgledanja ogromnog stana u bučnoj ulici kod Guvernerove palate imala brojne primedbe, koje je detaljno obrazlagala ocu, tokom povratka u Pulu. Stan je mračan i vlažan, neprestano je ponavljala. Uočila je i crvotočne ragastove. To bi moglo da ugrozi naš nameštaj. Sestra je dremala pored mene u kolima. Ja sam žmurio, krijući suze. Sa svakim kilometrom opraštao sam se od Rijeke, od bučnih ulica i velelepnih palata tog meni nesuđenog grada, i nekog sasvim drugačijeg života koji bih tamo vodio. A koji, sada, zauvek napuštam. Bio je već mrak kada smo stigli u Pulu. Izgledala mi je kao pusto, sumorno naselje, kao zatvor na koji sam osuđen.

Mamu je od promena hvatala panika. Jer, to je podrazumevalo menjanje ustaljenog poretka stvari u kojem je sve bilo na svom mestu, i odvijalo se baš onako kako je to ona zamislila. Selidba je dolazak na nepoznatu teritoriju, stvaranje novih poznanstava, osvajanje pozicija, ponovno građenje vlastitog životopisa. Uvek se dugo spremala za izlazak u spoljni svet. Bio je to ritual koji bi okupirao svu njenu pažnju. Više je vodila računa o onome što nedostaje, nego o onome što je prisutno. Svaki izlazak je predstava za druge. Tokom ograničenog vremena trebalo je poslati jasne poruke okolini, stvoriti poželjnu sliku o sebi u jednom nimalo naklonjenom svetu.

Preseljenje u drugi grad stvaralo je toliko nerešivih problema. Njeni zapleti su bili banalni – recimo: kako pronaći pouzdane majstore? Jer, u mislima se već suočavala sa pucanjem vodovodne cevi u tom mračnom stanu kod Guvernerove palate. Iskakali su osigurači, lomila se stakla na prozorima, ljuljala se ograda balkona, obijen je podrum, sutra to može biti stan. Kako naći krojača koji će izdužiti njenu figuru, obućara koji će smisliti takav model cipela da sakrije čukljeve, frizera koji će pronaći frizuru upravo za njenu glavu?

Otisnuti se iz nekog novog stana u nepoznati svet budilo je teskobu pred kojom je bila nemoćna. Sprečila je još dve selidbe tokom narednih nekoliko godina. Opredelila se za sigurnost odustajanja. Tako sam ostao zatočenik Pule.

Nakon *Jugolinije*, moj otac je dugo plovio na brodu nemačke kompanije iz Flensburga, i to ne na redovnoj liniji, već je posada u svakoj sledećoj luci obaveštavana o narednom odredištu. U pomorskom žargonu takvi se brodovi zovu „skitnice". Prevoze isključivo rasuti teret.

Štutgartska metoda. Svet pluta u polusnu i blagosti. Bez strepnje i straha. Toplina demencije.

Konačno mogu da pomenem pticu a da ne moram da joj pronađem granu na koju će da sleti.

7.

U to vreme svet u kojem živim jedini je mogući.

Još pred očima nisu izbledele puste ledine Novog Beograda, pogled sa prozora paviljona broj 15 iz bivšeg stana u Pohorskoj ulici. Preda mnom je sada sasvim drugačiji prizor: dizalice brodogradilišta, obrisi kasarni na Muzilu i visoki toranj Mornaričke crkve. Lizeta tu crkvu zove Gospa od mora.

Kada padne veče, Gupčeva ulica opusti. Sa zidina Kaštela oglašavaju se ćukovi. Tek ponekad prođe automobil ili motor. Posle ponoći zvona Crkve Svetog Franje izbijaju pune sate.

Leti se kroz otvorene prozore čuju isti razgovori. Isti je i ukus malvazije u staklenim demižonima na kuhinjskim stolovima. U izlozima prodavnica odeće u Prvomajskoj ulici skroman izbor modela i boja. Isti filmski žurnal vrti se u sva četiri bioskopa. Novine se samo po naslovima razlikuju. Niko ne sumnja u zvanično mišljenje. Na vlasti je narod. Verujem da u čitavom gradu svi imaju isto jelo na stolu. I da svi govore ono što misle. I da svi slično misle.

Jednom mesečno dođe urar Josip Maleša kod nas na večeru. Mama napravi gibanicu, onako kako se to u Mačvi radi. Urar Maleša je iz Šapca. Došao je u Pulu odmah nakon odlaska anglo-američke uprave. Dodeljen mu je lokal preko puta zgrade tržnice. Urar Maleša održava satove u Titovoj rezidenciji na Brionima. Jednom godišnje pošalju po njega vozilo. Na Brionima ostane čitav dan, nekad i dva, sve dok ne očisti i ne testira tolike satove. Za to vreme njegova radnja je zatvorena.

Urar Maleša je velikodušan čovek. Pozajmljuje novac bez interesa, u kafanama plaća račune za čitavo društvo. Šarmer i zabavljač, stalno prepričava zgode, širi priče drugih. S vremenom je i sam mnogo toga izmislio. Vrsni poznavalac satova, strastveni lovac, ljubitelj noćnih provoda, nije mogao bez izmišljotina. Sve je bilo u redu dok je žmurio na jedno oko, bilo da nišani srnu ili kroz urarsku leću posmatra unutrašnjost satnog mehanizma; međutim, problem je nastajao kada bi se zagledao sa oba oka. Tada je slabije video. Često je menjao ljubavnice. Ženska duša za njega je bila tajna.

Ja sam verovao da je to božja pravda za sve one ubijene zečeve, srne i fazane. Ulov je uvek poklanjao prijateljima. Barem jednom mesečno došao bi sa svojim ptičarom Disom pravo iz lova kod nas. Odbijajući da onako blatnjav i mokar uđe u kuću, pružio bi majci plen, i sa vrata je posavetovao kako da spremi zeca u pacu, a kako tetreba ili fazana. Nakon njegovog odlaska suočavao sam se sa prizorima mrtve prirode: otromboljene zečje uši na izduženim, ukočenim telima, buket jarebica i šljuka

praznih očiju. Bojažljivo bih dodirivao vlažna, hladna tela.
Sutradan uveče dolazio je urar Maleša na večeru. Oku-
pilo bi se veliko društvo. Jedna od tema večeri redovno
je bila Malešina ženidba. Okoreli neženja govorio je da
bi se odmah venčao kada bi našao ženu kao što je moja
majka, tako vrednu, posvećenu deci i kući. Svi bi se uglas
složili sa njim. Otac se samo smeškao. Međutim, tema
braka izostala bi kada bi Maleša na večeru doveo neku od
svojih ljubavnica. Sve su bile veoma mlade, visoke, prave
lepotice. Znao sam da urar Maleša laže, da i ne pomišlja
da nađe ženu kao što je moja majka, jer je neuporedivo
lakše bilo sresti neku kao ona, nego njegove izabranice.

Mama i urar Maleša imaju bliske političke stavove.
Otac se samo smeška i ćuti. Mama, da bi ga iznervirala,
pomene advokata Đorđevića, koji je odmah nakon rata
emigrirao u Ameriku. Od njega je kupila policu za knjige,
od tisovine. U nižem redu na toj polici je komplet tatine
Pomorske enciklopedije u plavoj koži, zatim leksikoni,
knjige iz navigacije. I masivni trpezarijski sto sa šest stolica
kupljen je od advokata Đorđevića. Na odlasku je mami
poklonio lampu sa žutim abažurom od kaučuka. Lampa
je na mom pisaćem stolu. Pod staklenom pločom je karta
sveta. Na njoj nije upisan grad Akron u Ohaju, gde danas
živi advokat Đorđević.

Kad urar Maleša dođe na večeru, pričaju se uvek iste
priče. Tako se utvrđuje gradivo. Za razliku od oca, mama
poznaje i drugu stranu medalje. Ne vidi razliku između
predratne reakcije i današnjih komunista. Isto misli i
urar Maleša.

„Istorija, to je priča o imovini“, kaže Maleša. „Sve se
vrti oko plena.“

Urar Maleša ima ptičara po imenu Dis, koji vodi poreklo iz legla engleske kraljice. Neshvatljivo mi je kako je pas stigao čak iz Engleske. I kako urar Maleša, iako mu je otac pripadao predratnoj reakciji, danas ide na Brione i tamo popravlja Titove satove.

„Bogatstvo je neuništivo, samo se premešta, kao prašina", kaže Maleša. „Možeš da je brišeš koliko hoćeš, ona je uvek tu negde. Tako i bogatstvo. Samo se premešta."

„Onih petnaest dana u rezidenciji u Parizu bilo mi je dovoljno da vidim da se ništa, ama baš ništa nije promenilo, samo se premestilo", kaže mama, i sačekavši malo, da vidi kako njene reči deluju na oca – jer, on je taj kome se isporučuje račun za anomalije i nepravde režima – nastavlja egzaltirano da ponavlja utiske tokom boravka kod Irine, prijateljice iz đačkih dana, žene jugoslovenskog ambasadora u Francuskoj. „Koji crni porodični nakit, portreti i tepisi. Da ne znam iz koje bede potiče, pa da joj poverujem. Ali, kako da bude drugačije kada sa vrha sve to ide. Kada čujem ono *u ime naroda*, zgadi mi se čitav svet. Komunističke golje postali kolekcionari. Lepo kaže Lizeta: postoje ljudi koji su srećni u tuđim kućama."

„Lizeta je bila jedna od mojih prvih mušterija", kaže urar Maleša. „Nekoliko puta sam joj našao kupce za skupe satove. Svakojake priče se za njom vuku. Zbog Hiterotovih skoro je glavu izgubila."

„To je zato što zna gde se sve premestilo bogatstvo sa Crvenog otoka", kaže mama. „Gde danas lepršaju baroničine zavese. Ko vozi njenu limuzinu…"

Zastaje za trenutak, primetivši da stojim pored vrata i slušam njihov razgovor. Naređuje mi da idem u dvorište da se igram sa sestrom i Disom. To nisu priče za decu.

Pamtim kako smo jedne večeri mama, tata, sestra i ja oku-
pljeni oko radio-aparata. Tito daje intervju Amerikancima.
Na pitanje novinara da li će Jugoslavija promeniti zastavu,
Tito odrešito kaže da su se pod tom zastavom borili narodi
i narodnosti Jugoslavije, mnogi borci su dali svoje živote,
i zato se zastava neće menjati. Lica mojih roditelja su oza-
rena. Baš im je dobro odgovorio, kažu uglas.

Kako je svet bio monolitan u glavi desetogodišnjaka. I ja
se pridružujem oduševljenju mojih roditelja Titovim odgo-
vorom. Obijeni vagon u Vinkovcima još uvek nije zamračio
scenu. Ne znam ništa izvan priče u kojoj se krećem.

Kojem su to svetu pripadali moji roditelji? Kako je
žalostan taj prizor danas. Tužan u naivnoj veri malog
čoveka da pravda postoji. Banalna izjava suverena dobila
je status duboke mudrosti. Mali porodični skup ispred
radio-aparata iskazuje lojalnost. Jeres probuđena u druže-
nju sa urarom Malešom biva trenutno gurnuta pod tepih.
Mi smo bez prošlosti. U našoj kući nema nenaplaćenih
računa, ni crnih fondova. Savest nam je čista. Nećemo
menjati zastavu.

Tri godine, u osnovnoj školi, delim klupu sa Hrz Avdom.
Njegov otac drži radionicu za čišćenje i farbanje cipela. To
je samo jedan u nizu šusterskih i kišobrandžijskih lokala
u strmoj ulici koja izlazi na Narodni trg. Lizeta taj trg
zove Pjaca Verdi. Ni moju školu ne zove pravim imenom,
„Moša Pijade", već „Dante Aligijeri".

Hrz Avdo ima izgrizene nokte. Stegnut je i ćutljiv. Loš
đak. Još uvek sriče slova. Kada se jedne zime razboleo,

nekoliko dana zaredom odlazim, posle nastave, kod njega kući. Avdo sporo prepisuje gradivo. Malo dvorište delilo je radionicu od stana gde je živela brojna porodica Hrz. Bili su iz Sandžaka. Pamtim ogromne lonce od crvenog emajla sa belim tufnama na šporetu u kuhinji. I šarene krpare. U kući se hodalo u čarapama.

Godinama kasnije, na putu do gimnazije, svakoga dana prolazim strmom ulicom u kojoj su nekada bili lokali čistača cipela i kišobrandžija. Izumiranjem zanata, boja-džijskog, ta mala kolonija iz Sandžaka izmestila se širom Istre, prešavši na neke druge zanate.

Zalazim u kuće mojih drugova. Širi se svet izvan *Vile Marije*.

Marino Storeli, čija porodica nije optirala u Italiju nakon odlaska anglo-američke uprave, živi u ogromnom stanu u Omladinskoj ulici. Otac mu je modelar u bro-dogradilištu. Na nekih stotinu kvadrata otkrivam jedan svet tako različit u odnosu na Hrzove. Druga civilizacija. Nema neprijatne tišine kao kod Hrzovih, onog vakuuma prećutanog. Da li možda zbog dugih vokala italijanskog jezika, koji šire vedrinu čak i u svađama? Ili zbog muzike sa radija koji je stalno uključen?

Gde god da dođem, upijam intonacije, gestove, osme-he, senke, raspored stvari, poglede, mirise, reči. Kada se, mnogo godina kasnije, bude raspala moja zemlja, i polako iščezla srednja klasa sa svim svojim tako različitim svetovima, dešifrovaću čitavu epohu na osnovu utisaka arhiviranih u pamćenju. U tim zapisima krile su se suštin-ske činjenice, koje su decenijama ležale nedešifrovane. Memorija dečaka sačuvala je originale neoštećene jalo-vim tumačenjima, i tako neraspakovane prenela ih kroz vreme, da bi, u jednom trenutku, sve te nekada nevažne utiske povezala neka druga pamet, stvarajući kompaktnu sliku jednog iščezlog vremena.

Kako su samo, za opstanak toga sveta, bile presudne nevidljive podloge na kojima su bujali tako različiti životi. Nasleđa, predanja, vekovne tradicije, privatne istorije – uronjene u socijalističku stvarnost čiji su rituali i propaganda držali taj svet na okupu – bujale su pod površinom svakodnevice. Ne samo u mom gradu, već širom tadašnje zemlje, male porodične manufakture danonoćno proizvode vrline i zablude. U lažnim mitovima krijumčare se promašene egzistencije slabih i nesrećnih. Neprestano u potrazi za krivcima, utehu nalaze u ispostavljanju računa na pogrešne adrese. I dok svi oni u ormanima kriju kosture, uporno iznova računaju minutaže renesanse i baroka u svojim zabitima i nedođijama, slave poraze i broje vekove nebeskog života, stalno u sporu gde se to živelo *mitteleuropski* a gde *alla turca*. Teskobom i strahom natapaju se dečje glave.

Mešaju se svetovi.

Prizivam one sa kojima sam delio klupu. Prezime, pa ime, kako to već u školskom dnevniku stoji.

Baf Mirela. Njene duge noge odvlačile su mi pogled. Prva je probudila moju seksualnost. U osmom razredu odselila se u Dubrovnik. Maštao sam da se i mi negde odselimo. Da budem iniciran u neku novu sredinu. Hodao sam u mislima riječkim ulicama, peo se trsatskim stubama i sa tvrđave posmatrao brodove u luci.

Bućan Boško. Ostao je samo zvuk imena, rumeni obrazi i zelena školska torba koju je stalno vukao sa sobom.

Njegov lik ne mogu dozvati. Sin krojača iz Prvomajske ulice. Kasnije su se i oni odselili iz Pule.

Nižem dalje: Suton Dolores, Rosanda Denis, Rekjuto Serđo, Piton Vesna, Pugar Goran, sestre Alfeldi...

Bliznakinje Noemi i Doris Alfeldi. Živele su u jednom od prolaza između Gupčeve i Kandlerove ulice. Otac im je bio Mađar. Četiri godine smo išli u isti razred. U školu su dolazile identično obučene kad god su izvodile trik da jedna odgovara za obe. Dok je nastavnik upisivao ocenu u dnevnik, vešto bi zamenile mesta u klupi, i na tablu je ponovo izlazila ona koja se spremila za čas.

Sa njima sam na Kaštelu pušio prve cigarete. Posle smo žvakali lovorovo lišće da sakrijemo dah. Jedne večeri, tokom letnjeg raspusta, pod zidinama Devilove tvrđave dogodio se moj prvi poljubac. Noemi? Ili to beše Doris? Nikada nisam saznao. Jer, kada sam iduće večeri, u igri žmurki, prišao jednoj od njih verujući da je to ona sa kojom sam se ljubio, počela je da vrišti. Povukao sam se postiđen i uplašen. Sestre Alfeldi su te jeseni prešle u školu na Monte Zaru. Više se nismo družili. Prestao sam da prolazim njihovom ulicom. S vremenom su nestale iz mog vidokruga.

Četrdeset godina kasnije, stižem tog martovskog popodneva u Ulicu Kečkemeti, moju prvu peštansku adresu. U prizemlju zgrade je restoran *Alfeldi*. Zidovi restorana prekriveni su uramljenim fotografijama slavnih gostiju. Među stotinama likova prepoznajem samo mog prijatelja pisca Ištvana Eršija. Svi ostali su fundus jednog vremena na prostoru koji je tek kružić upisan u plan grada: *Najbolji restorani Budimpešte*. Kao što su to bile prikaze sa zidova Lizetine sobe, stanovnici Soluna pre stotinu godina.

Trenutak zgušnjavanja svesti, zakratko se brišu raz-daljine, čitavo postojanje sabijeno u jednoj tački; živi i mrtvi lebde u bezmerju prezenta. Dođe tako čas kada u jednom komadu iskrsne sav pređeni put, i ma koliko još bilo vremena budućeg, proživljeno je zaokruženo, priča je ispričana. Ništa se više ne može značajnije promeniti. Putanje su unapred ispisane. Drugačije i nije moglo biti.

Obilazim, u mislima, mesta koja su moji roditelji tek usput pominjali. Mape njihovih života pre poznanstva. Čitava jedna geografija u ostavštini. Ne samo sluhom, već i pogledom detektovao sam njihove zapete i upitnike, zagrade i fusnote, tajanstvenu sintaksu u kojoj su krili neostvarene živote. Nakon što su ispunili biološke zahte-ve, ostali su zatočeni u neizgovorenim pričama, nemoćni da uspostave prisniji odnos sa svojom decom.

Kadar iz Melvilovog filma: otac u trenčkotu, sa šeširom na glavi, pokazuje mi jednog vetrovitog jesenjeg popodne-va, na pulskoj rivi, poziciju tenkonosca na kojem je prvi put doplovio u taj grad. Prizor sam memorisao u crno--beloj tehnici. Bilo je nešto mnogo više od reči, pogleda i pokreta što se upisalo u svest dečaka koji je tek krenuo u školu. Sledeći momenat šetnje s ocem su prozori stana u Omladinskoj ulici, gde je bio podstanar kod jedne Ita-lijanke. Dubokom tišinom ozvučena je ta slika. Preživela je, neoštećena, pola veka. Menjala se samo unutrašnjost stana iza širokih prozora na prvom spratu, gde i danas, verujem, postoje tragovi očevog prisustva.

Negde u to vreme i mama dolazi prvi put u Pulu. Zabav-lja me mogućnost da su se možda mimoišli na ulici pre nego što se ona istog dana vratila u Rijeku. Kvar autobusa na putu, zatim vožnja automobilom baronice Hiterot, zastanak u hotelu u Raši, sa udbašima. Četiri godine kasnije oboje su u Selcu, otac u prekomandi a mama je rukovodilac đačkog odmarališta. I dalje se ne poznaju.

Došao sam u godine koje su oni imali kada sam prestao da se njima bavim. Sve što je moglo, to im se već bilo dogodilo. Njihovi životi sveli su se na puko ponavljanje rituala. Svaki pokret, svaka misao, imala je svog uhodanog nastavljača. U tesnom stanu, pretrpanom kabastim foteljama i regalima, komodama i lampama, debelim tepisima i nizovima goblena po zidovima, njih dvoje živeli su kao u kakvoj niši. Ništa se nije bacalo, pa je izgledalo da se stan iz dana u dan smanjuje.

Otac je zakopčavao gornje dugme na košulji, kao što je to činio i njegov otac. Naborana koža prelivala se preko okovratnika. Ispod brade nazirala su se neizbrijana mesta. Majka je, tokom razgovora, sve vreme savijenim dlanom sklanjala nevidljive mrve sa stola. Kada bi mi uputila kakav prigovor, usne bi joj se slepile u potuljenom besu. Gledala me je nekoliko trenutaka ukočenim pogledom, da bi zatim rezignirano klimnula glavom i gorko se osmehnula.

U svojoj površnosti i ravnodušnosti, mislio sam da su to znaci starosti. Danas znam da su samo pokušavali da mi nešto saopšte pre nego što odu na onu stranu. Trebalo je biti strpljiv, sačekati da se pokrenu duboke slike, kao onog vetrovitog popodneva sa ocem na pulskoj rivi. Dozvoliti im da se ispovede.

Posle toliko godina postao sam vlasnik krupnih vremenskih etalona. Kada zažmurim, mogu da zamislim deset, dvadeset, trideset godina. U meni je tačno pet oktava, šezdeset dirki, šest decenija potrošenog života. Kakva impozantna klavijatura. Lako obuhvatim razdaljinu od pola veka. Tako jasno dozovem jutro na pulskoj železničkoj stanici kada smo majka, otac, sestra i ja izašli iz kola za spavanje beogradskog voza. Iste dužine je vremenska niska koja iz tačke tog novembarskog jutra dodiruje mene danas, i stanovnike Pule sa početka dvadesetog veka. Otvaraju se široki vremenski planovi – pontonski mostovi preko kojih mogu da dosegnem svaku razdaljinu koju zamislim.

Tamo, na početku dvadesetog veka, ulicom Kampo Marcio šeta Džejms Džojs na putu od svog stana u Via Medulino do škole Berlic na Trgu Port Aurea. Prolazi pored kuća u kojima će kroz pola veka biti lokali čistača cipela. U mislima ređa fasade Grafton strita, i pokušava da se seti personala svoga detinjstva u Dablinu.

Isto vremensko rastojanje, ali sasvim na jugu, u Solunu, gradu boje sepije. Sa sprata porodičnog hotela u francuskom kvartu devojčica Lizeta prati vrevu grada. Za nekoliko trenutaka pojavi se tramvaj u brisanom prostoru između robne kuće Elijasa Morena i bioskopa *Odeon*. Nisu je puštali da sa decom iz komšiluka odlazi u park prema Bara kvartu. Bila je devojčica sa prozora. Koju godinu kasnije napustiće rodni grad i nastaviti život u internatu gospođe Haslinger, u devetnaestom bečkom becirku. I tu će imati svoju osmatračnicu, visoki prozor spavaonice, odakle se pruža pogled na tihi krajolik otmene periferije čiju tišinu povremeno naruši zvono tramvaja sa linije 38 za Grincig. Zatim, prozori u stanu njenih rođaka na Šervoli, u predgrađu Trsta. Prvo ljubavno iskustvo. Svakodnevica se sada odvija u širokim planovima, ali ramovi i dalje ostaju. Ni godine raspusnog života sa Barbarom Hiterot u Trstu, na Crvenom otoku, Brionima, u Opatiji nisu pomerile senku posmatrača. Sredinom tridesetih godina dvadesetog veka Lizeta opet zauzima poziciju pored prozora u skromnom službeničkom stanu na Verudi, preko puta Mornaričkog parka, tamo gde tramvajska pruga prati liniju zida Arsenala i skreće prema San Polikarpu. I na kraju, poslednja utvrda na drugom spratu kuće podno zidina Kaštela. Lizeta Benedeti, udata Bizjak, neumorni posmatrač života. Žena sa prozora. Prvi vlasnik televizora u Gupčevoj ulici.

Odakle meni sve te pojedinosti? Toliko upamćenih toponima? Zar je moguće da ništa nisam zaboravio sa onih naših šetnji solunskim ulicama, kada bi Lizeta prazninu na zidu između dve fotografije premostila imenom kakve trgovine, restorana, hotela? Ucrtavala je trgove i ulice u nevidljive mape. I ne samo da nisam ništa zaboravio, već je sa godinama izviralo sve više i više detalja. Sećanje je proizvodilo samo sebe.

Ukočeni kadar fotografije snimljene na obali pokrenula bi bujicom reči, navodeći putanju koja sa tog mesta vodi dugom linijom pristaništa do Bele kule, ili na suprotnu stranu, prema železničkoj stanici. Oživljavala je prizore. Kretao se fijaker u kojem ona, kao trogodišnja devojčica, sedi u očevom krilu. Otkriva mi gde se završava široka staza u Bešinarskim vrtovima, staza na kojoj stoji u društvu dve drugarice iz muzičke škole. I tako, avetinjski grad boje sepije, taj volšebni Tesaloniki, bivao je sve širi, ispunjavajući zamišljenim prizorima beline na zidu Lizetine sobe.

Šetnju bismo nastavili na drugom zidu, gde se vreme naglo ubrzavalo. Pitomice internata gospođe Haslinger u Šenbrunu. Čitavih deset godina kasnije, platforma tramvaja sa tablom: *Bagni*. Pored Lizete, mladić u uniformi.

„To smo Đorđo i ja u Trstu", kaže, i odmah prelazi na sledeću fotografiju, snimljenu na terasi hotela *Adriatik* u Rovinju. „Ovo je Barbara, njen rođak Bruno i ja."

Ne znam ko je Đorđo? Barbara? Bruno? Ja sam samo nemi partner u tim šetnjama, svedok da je sve to tako bilo, bez obzira da li priča teče na grčkom, italijanskom ili hrvatskom. Na kraju niza prepoznajem raskrsnicu na Verudi. Pokazuje mi kuću u kojoj je stanovala. Kaže mi da je nekada tuda prolazio tramvaj za San Polikarpo.

Kada etalon od pola veka usmerim u vreme buduće, u prostor gde se smestio život moga sina, i gde ću ja u nekom trenutku otići na onaj svet, ubrzanje je toliko veliko da gubim sećanje na stvari i predmete svakodnevice. Sada razumem mamu, i zašto je prilikom jednog od naših poslednjih susreta bila do suza ganuta pojavom kožnog koferčeta. Izronilo je tog jutra u belini memorije, rekvizit njenih devojačkih putovanja.

„Čudo jedno kako stvari odjednom samo nestanu. Taj kofer, uvoz iz Belgije, kupila sam na Sušaku, još pre onog rata. Biće da je otišao sa stvarima koje su nam ukradene u Vinkovcima. Ali, to ne mogu sa pouzdanošću da tvrdim."

8.

U našoj kući uvek je bilo mnogo reči. Ogromni viškovi reči i rečenica. Čitavi pasusi koji su nekad nekome negde pripadali. Otpali sa fasade nekih tuđih života. Pljusak reči sručio bi se maminim glasom na sagovornika. Mama je bila kolekcionar stotina replika – tako je čuvala sećanja na osobe koje su te reči izgovarale.

„Ništa nije slučajno. I loše je za neko dobro. Lepo je govorila Lizeta: kad god ti se zatvore vrata, otvori se neki prozor."

Zastala bi za trenutak, kao da u mislima traži taj prozor koji se otvara. Vidim je kako hoda stanom, kasnije hodnicima staračkog doma, u potrazi za rečenicom koja će je oraspoložiti, učiniti da uvek sagleda onu svetliju stranu. Nikada se nije predavala malodušnosti. Bila je ubeđena da je slabost okrilje svakojakog zla.

Tokom kratkih prepirki s ocem – jer on je najčešće bio taj bokserski jastuk – potezala je neverovatne argumente, i uvek imala spreman odgovor. Glumica koja samo čeka situaciju pa da upotrebi monolog iz predstave davno skinute sa repertoara.

Sestra i ja sedimo za malenim stolom, svako sa svojom slikovnicom, u avetinjskoj statičnosti. Figure od porcelana. Takvi smo na većini fotografija iz tog vremena. „Kako si tako smotan? Zar baš ništa ne vidiš?", kaže mama. „Ja gde god da dođem, jednim jedinim pogledom snimim situaciju, navike domaćina. Mene bi kao gosta svako poželeo."

„Samo kao gosta", ironično dodaje otac.

„Baš si duhovit", kaže mama i započinje tiradu. A povodi su bili banalni: recimo, čaša spuštena na rub politiranog stola mimo podmetača, neugašen pikavac cigarete u pepeljari, ili sapunica na obodu lavaboa.

Trag bi joj zasmetao. Svedočanstvo o prisutnosti. Trebalo je nečujno se udaljiti sa mesta gde se prebivalo. Bila je čistač tragova. Indijanski ratnik koji se kreće sredinom potoka, i tako zameće vlastiti trag. Volela je da ide na groblja: tamo je život konačno upokojen. Groblja su u njoj budila pritajenu radost, saznanje o trijumfu reda nad konfuzijom života. Knjige rođenih i umrlih jedina su pouzdana svedočanstva. A sve ono između – period zemaljskog života – muka je jedna velika, sa kojom se najlakše izlazi na kraj tako što se stalno odgađa. Mama je živela jedan odloženi život. I zato nije ostvarila nijedan veliki plan, bilo da se radilo u putovanju u Kaliforniju, u posetu najboljoj prijateljici iz mladosti, ili uređenju albumâ koji su, neraspakovani, još u celofanskim omotima, godinama ležali u ormanu, pored desetak kartonskih kutija sa fotografijama.

Mama je bila majstor odlaganja. Zarobljenik rituala. Dva puta godišnje, za Novu godinu i pred leto, otvarala je sanduk sa novim igračkama, koje su iz Kalifornije redovno stizale u ogromnim paketima, zajedno sa garderobom. Bile su to male kućne svečanosti, tokom kojih bismo sestra i ja dobili po nekoliko igračaka. Žudno smo ispitivali pogledima šta se sve još krije u sanduku. Mama je verovala da se vrline najbolje stiču tako što deci nije baš sve dostupno. Nešto mora uvek ostati nedostižno.

Život u niskom startu pred velikim odlukama bio je u koliziji sa njenom preduzetnošću u ispunjavanju dnevnih obaveza. Ili je ažurnost na dnevnom planu bila samo alibi za nesnalaženje u životu? Hiljade fotografija po kutijama ubedljivo su svedočanstvo da se, ipak, živi punim plućima. Nasmejana lica u zagrljajima dokaz su ispunjenosti, zadovoljstva i radosti.

Kada bismo doputovali u neki grad, mama bi sestri i meni pomenula daleke rođake koji više nisu živi. Bio je to izgovor da se ode na groblje. Tamo smo bili slobodni. Dozvolila bi nam da lutamo između spomenika. Zastajali bismo ispred porodičnih grobnica, divili se figurama od mermera, kamena i gipsa, raskošnim ogradama od kovanog gvožđa.

„Kakva porodica", rekla bi više za sebe. „Ko kaže da večnost ne postoji?"

Sestra i ja smo zagledali porcelanske fotografije. Zabavljali smo se iščitavajući neobična imena, tražili dugovečne. Takmičili smo se ko će pre pronaći nekog stogodišnjaka. Pored dečijih grobova prošli bismo nemo, bez zadržavanja.

Na groblju je bila opuštena, oslobođena tenzije koja je njenu majušnu figuru održavala u stanju permanentnog podrhtavanja. Motor koji se ne gasi, već neprekidno bruji u mestu.

Pamtim groblje u Varaždinu, visoke čemprese i magnolije u cvatu, šimšire u obliku geometrijskih tela, kipove anđela.

„Ovako je u Versaju", uzdahnula bi mama.

Odlazeći u Rijeku, u posetu ocu, na brod, redovno smo obilazili groblje na Trsatu. Dugo sam verovao da su i tamo sahranjeni neki rođaci. U Splitu smo svakoga dana šetali južnom stranom Marjana, sve do groblja na Sustipanu. Kada smo posle nekoliko godina ponovo otišli tamo, groblja nije bilo. Rekoše nam da je preseljeno van grada.

„Jezivo", trgla se mama, „dva puta biti sahranjen. Eto, i mrtvi umiru."

Pod haubom mamine veselosti krila se samoća.

Stalno je bila u potrazi za pričom. Tako su nastajala njena prijateljstva. Jedno od najvažnijih bilo je sa Milićima, ostarelim parom koji je penzionerske dane trošio vezući goblene. Nikada nisam saznao kako je došlo do tog poznanstva, tek, jedne večeri mama je sva uzbuđena, još sa vrata, počela priču o čudesnim goblenima.

„To morate da vidite, to je mali Luvr. Velaskez, Goja, Rembrant. Vilerova godišnja doba. Mitološke scene tkane u trideset i šest nijansi plave."

Postala je ovisnik kolekcionarske strasti. Posle svake njene posete manufakturi bračnog para Milić, zidovi našeg stana punili su se odvratnim rukotvorinama u zlatnim ramovima od gipsa. Kupovala je goblene veoma povoljno, na višemesečne rate; međutim, u tom vremenu opšte neimaštine teško da bi goblenisti našli mušterije. Davali su joj nove radove bez ikakve kapare. Kada je tata došao sa plovidbe, izmiren je dug kod Milića, ali sumanu-ta kupovina se nastavila. Serija veduta holandskih majsto-ra ušla je u moju i sestrinu sobu. Goblenistima mogu da zahvalim za vermerovske kadrove buđenja. Prvo što bih svakog jutra ugledao bio je *Pogled na Delft*.

Mama je bila prilično obrazovana. Čitala je, volela da ode u pozorište. Međutim, u slikarstvu ukus joj je zatajio. Tu je bila siva mrena njene estetike. Zapravo, slikarstvo uopšte nije razumela. U bescenje je prodala pejzaž Kole-snikova, jedinu sliku u našem stanu – poklon advokata Đorđevića pred njegov odlazak u Ameriku – kako bi kupila seriju goblena mrtvih priroda. Verovala je da vrednost kolekcije s vremenom može samo da raste. Tim veće je bilo razočaranje kada joj je jedan riječki antikvar objasnio da goblene više niko ne kupuje, da je njihovo vreme prošlo.

Selidbom u novi stan na Verudi, neki gobleni ostali su u sanducima, neraspakovani. Nije bilo više visokih zidova i dugačkih hodnika *Vile Marije*, gde je mogla da stane čitava kolekcija. Godinama kasnije, sa raspadom države i našim povratkom u Beograd, gobleni su, kao i tolike druge stvari i predmeti, iščeznuli iz vidnog polja. Sačuvana je samo serija mitoloških scena u trideset i šest nijansi plave boje.

Kada su u oktobru 1991. godine moji roditelji odlazili iz Pule, ključ od vikendice u Pomeru poveren je Milićima. Oni su se sami ponudili da brinu o kući i plaćaju račune. „Nema te sile koja je jača od našeg prijateljstva", ponavljali su na ispraćaju.

Opsada Vukovara bila je u punom jeku. Rat je besneo u Slavoniji i Lici. Povratak u Beograd, preko Skoplja, potra-jao je puna dva dana.

Godinu dana kasnije, Milići su vratili ključeve od vikendice po osobi koja je prolazila kroz Beograd. U kratkom pismu su nam saopštili da je u ovom trenutku opasno brinuti se o srpskoj kući u Hrvatskoj. Mama je čin vraćanja ključeva doživela kao izdaju dugogodišnjeg prijateljstva. Kada sam je pitao zašto na odlasku nisu ključeve ostavili uraru Maleši, odgovorila mi je da je on tada bio na putu. Sem toga, Milići su se sami ponudili, a još su i Hrvati.

U srpske kuće ulazile su izbeglice, a adrese svih tih napuštenih vikendica dobijale su u policiji. Nama je zapao dragovoljac sa slavonskog ratišta. Mama se noću budila, i u mislima sledila nezvanog gosta kako pretura po ormanima i komodama. Na sve strane gomilao se samo nered. I dok su gorele kuće u Slavoniji, ona je brinula da li će barem nešto od porcelana u vitrini u Pomeru preživeti. Nije mogla sebi da oprosti što u Beograd nije ponela figuru violiniste od modrog kobalta, koju je još pre onog rata kupila u jednoj sušačkoj antikvarnici.

Obijeni vagon u Vinkovcima prethodio je našem dolasku u taj grad u kojem ću provesti detinjstvo i mladost. Na odlasku iz Pule provalnik u vikendici bio je logični kraj ciklusa.

Svako je negde morao da bude. Najbolje tamo odakle je došao.

Nisam se ljutio na gobleniste. Oni su pripadali onoj velikoj većini koja se u svim vremenima i na svim stranama ponaša isto, vezivno tkivo svakog društva; to su bili ljudi koji su dozvolili rat; takvima se uvek događaji dešavaju, a zapravo svojim nečinjenjem oni te događaje proizvode, nesudelovanjem sudeluju u njihovom nastanku.

Šta radi malograđanin? Sužava kontekst, umesto da ga širi. Veruje da može da se izdvoji iz vrtloga istorije, da sačuva svoja četiri zida, svoj bankovni račun, svoje muškatle na prozoru, i da to nema nikakve veze sa gladnima u Africi i klimatskim promenama, sa Mlečnim putem i komšijom koga su prethodne noći odveli neki nepoznati ljudi.

Život je dobio ubrzanje. Jedna epoha bila je na izdisaju. Juče je postalo sve nepreglednije. Manje se računalo u mesecima i godinama. Na red su došli etaloni od deceniju, dve. Potrošeni život uveliko je smanjio teritoriju sutrašnjeg dana. Izronili su palimpsesti nekih prošlih života. Geografija se promenila preko noći.

Granica na Rječini, koja je u mladosti mojih roditelja delila Sušak i Rijeku, Kraljevinu Jugoslaviju i Italiju, ovaj i onaj svet, povukla se duboko na istok.

Kako su otac i majka naglo starili, tako se i država smanjivala. A ja sam zalazio u godine koje sam kod svojih roditelja knjižio kao početak starosti.

Posle očeve smrti, majka je sve više tonula u demenciju. Pričala je nepovezano. Odlaskom u dom umislila je da više nije u Beogradu. Počela je da govori ijekavicom. Često bi me tokom posete požurivala da krenem kako ne bih zakasnio na voz. Premeštala se iz grada u grad. Kada sam je poslednji put video, živela je u Rijeci. Delimično je preuzela fijumanski dijalekat. Pitala me kada se vraćam za Beograd. U kom sam hotelu odseo.

Na rastanku me uhvatila za ruku i rekla: „Kada opet prideš, nemoj mi pozabit donest onu moju teku. Va njoj su mi se adrese hoteli. Bez nje ne moren nikamo na put.“

9.

„Opštenje sa prošlošću je njeno stalno dorađivanje, njeno prizivanje i bivstvovanje, ali pošto je *čitamo* iz tragova kakve je ostavila, a ti su tragovi zavisni od slučajnosti, od materijala u kome su saopšteni, krhkog ili manje krhkog, od raznih događaja u vremenu, ta prošlost je onda haotič-na, slučajna, fragmentarna… O jednoj svojoj prababi ništa ne znam, nepoznat mi je njen izgled, karakter, život, ništa, ništa sem toga da je 16. juna 1669. kupila dva lakta porheta i đumbir. Ostao je od nje požuteli list papira pokriven računima, a sa strane je dopisano da moli gospodina Šolta da kupi dva lakta porheta i đumbir, kada se bude vraćao iz Remigole. Đumbir i porhet, samo to, ništa više", zapisuje u svom dnevniku Vitold Gombrovič.

10.

U maju 2012. boravio sam nedelju dana u Solunu. Stigao sam predveče i odseo u hotelu *Luksemburg*. Sa recepcije uzimam prospekt hotela za svoju zbirku – recidiv one mitske sveske moje majke, ukradene u Vinkovcima.

Godinama sam se zanosio da napišem roman o hotelima. Želeo sam da rekonstruišem putanju svojih boravaka u tim zabranima izmeštenosti u kojima ne ponavljamo svakodnevne radnje vođeni starim navikama. Nema bliskih lica, poznatih stvari i predmeta. Iskorak u nepoznato, gde se u svakom času može dogoditi poznanstvo koje će nam otvoriti vrata nekog sasvim drugačijeg života. Hotel je mesto iščekivanja i nadahnuća, život u duplom dnu fantazija. Za neko vreme obitava se u međuvremenu. Nisu slučajno vlasnici duplih života u romanima oni koji mnogo putuju – trgovački putnici. Privremenost je njihovo stalno mesto boravka.

Tek što sam bio izašao iz jednog drugog hotela, tačnije iz romana *Bonavia*, u kojem je taj hotel mesto gde se priča završava, i gde je verovatno začet moj život. Još uvek su u meni obrisi kulisa među kojima sam proveo četiri godine pišući *Bonaviju*. Stigavši u Solun hteo sam da što pre potisnem sav taj materijal koji je i dalje usmeravao misli uhodanim putanjama, gde su čekale poznate situacije. Žudeo sam za drugačijim impresijama i spoznajama, da polako trasiram teren sledećeg romana. Pa, iako nisam imao čak ni slutnju šta bi to moglo da bude, nisam sumnjao da će se siže u jednom času pojaviti.

Kada sam iz sobe na trećem spratu izašao na balkon, kroz krošnje stabala mandarina i limunova već se probijala svetlost uličnih lampi. Grad je tonuo u toplu prolećnu noć. Iz obližnjih bašta kafea dopirao je tihi žagor večeri. Sa desne strane, iz smera jedne od glavnih solunskih ulica, kojom sam pola sata ranije prošao taksijem, dolazeći sa aerodroma, čula se buka automobila i sirena hitne pomoći. A sasvim levo nazirao se modri obris morskog zaliva. Tamo negde je i deo obale uz koju su se pre stotinu godina u gustim nizovima ljuljali jedrenjaci.

Odjednom je iz tame, kao pramac broda, izronio zid Lizetine sobe: prizori Soluna sa razglednica boje sepije, crno-bele fotografije porodičnih skupova, idilični prizori iz fotografskih ateljea, čvornate fizionomije predaka sa fesovima i šeširima. Podigao sam ruke kao da ću pomeriti kulise kuća, jednim zamahom izvrnuti džep vremena, i na čistini nekad omeđenoj zgradom bioskopa *Odeon* i robnom kućom Elijasa Morena, razvući pozornicu širom Ladadika kvarta. Tu je inventar detinjstva Lizete Bizjak, rođene Benedeti: jevrejska deca iz komšiluka, sa dva imena, nedeljne šetnje Bešinarskim vrtovima, vožnja tramvajem od carinarnice do Bele kule, gužva na Kapani pijaci, popodneva u muzičkoj školi u Ulici Kuskura.

Vek kasnije to je isti, nedeljivi prostor, odvojen prozirnim godovima vremena, neuništiv u svome postojanju. Pa ipak, hemijski sastav vazduha u godini 2012. nije isti kao onaj sa početka 20. veka, kada je tu negde, svega koju stotinu metara udaljena od mesta gde je danas hotel *Luksemburg*, na balkonu porodičnog hotela, *Ksenodohion Egnatia*, stajala devojčica Lizeta. Drugačija je i zvučna matrica: potmula, neprestana buka iz livnice na obali. Pisak lokomotive sa železničke stanice. Tramvaj koji se probija uskim ulicama. Gužva i larma oko tezgi na drvenim trotoarima ispred tesnih dućana i zanatskih radnji. A tek mirisi? Šta bi rekao profesor Barić? I ovde je zaudaralo kao u srednjem veku. Ako se vozimo kočijama, ako gradom prolazi konjski tramvaj, onda negde moraju biti štale. Dovlači se seno, odnosi se đubrivo, čujem hrapavi profesorov glas u solunskoj noći. U vreme Lizetinog detinjstva kanalizacija i vodovod još uvek nisu stigli do svih kuća. Gradske zidine tek što su porušene, vazduh je i dalje ustajao. Mirisi iz klanica i radionica za štavljenje kože, sa stočne pijace, iz ribarnica u pristaništu.

Kao uhoda lebdim ulicama Soluna. Zastajem na uglovima, klizim pogledom po fasadama, čitam imena ulica: Dodekanisu, Spandoni, Rogoti, Egnatia, Ermu, Salaminos, Mitropoleos, Frangon, Esopu… Osvrćem se, pokušavam da upamtim putanju koju ispisujem. Nekoliko puta tokom večeri vraćam se do svog hotela, da bih se, ojačan stečenim iskustvom, opet udaljio, praveći širi krug, i sve više se krećući ka zapadu, tamo gde je nekada, pre velikog požara 1917. godine, bila ozloglašena četvrt Bara, mravinjak davno nestalih ulica, Egipatska pijaca, Bešinarski vrtovi i Vardarska kapija.

Jasno čujem Lizetin glas, šuškave reči koje kao da dolaze kroz lišće iz popodneva provedenih sa njom početkom šezdesetih godina prošlog veka. Izmešten iz svakodnevice, izvan uspavljujućih rituala, vidim vlastiti život jasnije, ravnodušnim pogledom patologa. Prošlost je sve dublja, budućnost sve plića.

Tokom te solunske nedelje, predstavljajući na Sajmu knjiga grčko izdanje *Ruskog prozora*, dao sam intervju novinaru koji je sve vreme insistirao na autobiografskim detaljima, zanimajući se u kojoj meri je glavni junak romana, Rudi Stupar, moj *alter ego*. U pokušaju da izbegnem ponavljanja, da se otmem čarima jalove mistifikacije, tumbao sam se po sopstvenoj prošlosti u potrazi za slikama i rečima, nailazeći samo na teskobne situacije vlastitog odrastanja.

Kasnije, ostavši sam u kafeu, pod utiskom tih potisnutih prizora pitao sam se šta je to što mi je bilo najvažnije u životu.

Živeti istovremeno u različitim egzistencijama. Zato pišem, jer samo pisanjem mogu dosegnuti te živote, i na posredan način ih proživeti.

Zašto se baviš tim zamišljenim životima? Zašto uopšte izmišljaš? Zar nije logičnije porinuti u sebe? Da li si izgubio kontakt sa stvarnim životom? Odakle zabrana da se baviš vlastitim životom? I šta su posledice?

Preskočen život.

Polako. Čuvaj se velikih reči, one su tu da prikriju. Uostalom, i preskočen život je nekakav život. Nema te daljine za tako veliki zalet. Život je isuviše širok pojam.

Preskočena mladost?

To se već može sagledati. Međutim, zaplet je dublje. U detinjstvu. Neko ti je oduzeo pravo da se baviš svojim mislima. Odvojio te od sebe samog. Zato bekstvo u paralelne, zamišljene živote. Odbio si da živiš svoj život. Bio si pod paskom strogog majčinog odgoja. Onaj dečak sa sprata *Vile Marije* udvajao se i bežao u podrum, u egzil vešernice. Seti se o čemu si sve tamo, na prestolu između kazana i lavaboa, sanjario?

Imao sam fantazam da sam usvojen. Maštao sam o majci kao što je Lizeta. Da onaj zid u Lizetinoj sobi bude moje poreklo. Sedam dana koje sam proveo sa Lizetom, dok su mama i sestra bile u Zagrebu, pamtim kao oazu slobode. Bez teskobe i zapta. To se upisalo duboko u meni, saznanje da život može biti tako bezbrižan.

Lizeta. Na šta pomisliš kad izgovoriš to ime?

Na dobrotu. Bez zadrške. Nema duplog dna. Sve je onako kako izgleda, i kako se kaže.

A majka? Šta je prvo na šta pomisliš?

Oprez. Tako smo odgajani sestra i ja. Da ništa nije onako kako izgleda, da je svet pun opasnosti, da u svemu vreba prevara. Da je biti naivan greh. I da nam pamet služi da na vreme otkrijemo prave namere okoline.

I onda predah. Nedelju dana sa Lizetom. Bez zabrana i upozorenja. Kao u nekom blaženom snu. A zatim, povratak kući.

Nevidljiva težina sručila se na mene.

Posle si srušio zidove. Majka se povukla, ni tebi ni sestri ništa više nije branila.

Mamin svet bio je svet patuljaka. Kada smo sestra i ja porasli, taj svet se urušio sam od sebe. Bio je slab, jer nije

bio od nekog višeg reda. Mamina strogost bila je posledi-
ca njenog straha od sveta. Disciplinom je pokušavala da
ostvari sve ono što u životu nije imala. Ljubav, pre svega.
Na kraju je ostala sama.
    Svako na kraju ostane sam.
    Ne, ne. Nije to samoća potrošenog života. To je samoća
zamenjenog života.
    Ti si onda postao sam sebi mama. Udaljio si od sebe
sve što je duboko i čisto, udaljio si emociju. Zato se uvek
pravdaš. U potaji čuvaš spreman odgovor za objašnjenje
svake namere. Stalno pod optužbom. Obustavi vođenje
postupka nad samim sobom.

Izašao sam iz kafea i krenuo prema zapadnom delu grada,
u smeru Zejtinlika. Prošao sam Vardaris trg i uputio se
dugom Lagada ulicom, prema vojničkom groblju koje je
moj deda pominjao. Jednom je bio u delegaciji solunskih
boraca koja je položila vence na spomen-groblje srpskim
ratnicima. Pričao je o Solunu, koji posle pola veka nije
mogao da prepozna. Nije to bio Solun u kojem je proveo
četiri meseca nakon povratka iz bolnice u Bizerti.
    I tako, tog toplog majskog popodneva hodamo deda i
ja nepreglednom Lagada ulicom. Život je mnogo više od
svakodnevnih obaveza i besmislenih radnji, od dokume-
nata i svedočenja, sudskih postupaka, zaveštanja i urota.
Deda, sporedna figura mog detinjstva, isto kao što je to bio
i njegov sin, moj otac, odjednom mi zaokuplja svu pažnju.
Odrastao sam i vaspitavan u matrijarhatu. Zato nosim u
sebi nadoknadu za odsustvo muške strane. Asimetričnost
je razvila instinkte. Tamo gde je trebalo da budem slab,

postao sam jak. Snabdeven oprezom, strpljenjem, proni-cljivošću, svim deficitarnim osobinama muških predaka. Ja sam potomak ujedinitelj, onaj koji ispravlja genetiku.

Vidim ukočeni kažiprst moga dede Milana, kaplara srpske vojske, koji je tu negde, na solunskoj obali, pod vojničkim šatorima, proveo četiri meseca uoči probo-ja Solunskog fronta. Nisam, dakle, prvi put u Solunu. Zapisima DNK prisutni smo svuda gde su prošli naši preci. Pitam se, u hodu, šta je bila datost tog kaplara koji je čitavog života nosio perorez kojim je sekao hleb na simetrične kockice, i onda ih lagano, jednu po jednu, stavljao u usta i sporo žvakao. Na pomen Turaka namah bi se smračio, i samo besno sevao očima. Deda je ino-stranstvo prvi put video odlaskom u balkanske ratove. Zatim Albanija, onaj suludi prelazak srpske vojske preko Prokletija, samo da bi se izbegla kapitulacija koju niko nije hteo da potpiše.

Kakva nojevska strategija zabijanja glave u pesak, bek-stvo od realnosti, nesposobnost suočavanja sa postojećom situacijom. Prebacivati odgovornost na pretke koji iz nas govore, a mi smo samo rezonantna kutija koja prenosi njihove reči, postao je prepoznatljiv manir logorovanja naciona izvan stvarnosti. Stanovati u mitu, maskirati kukavičluk ludilom, trošiti budućnost potomaka. Atavi-zam preživeo u doktorima nauka, istoričarima, političa-rima, piscima, vajarima, jurodivima.

Narod je ostao u Srbiji te tragične 1915. godine. Sišavši sa Prokletija po snegu i ledu, polumrtva, gladna, smrznu-ta, izranjavana od arbanaških plemena, srpska vojska stiže na more, u Drač i Valonu. Proći će još neko vreme pre nego što ih neodlučni i nespremni saveznici brodovima prebace na Krf i u Bizertu. Hiljade će ih umreti od tifusa i iscrpljenosti u bolnici na ostrvu Vidu blizu Krfa. Sahranjivani su u dubinama Jonskog mora. A grčki ribari još pola veka nisu lovili ribu u tom području.

Iz zbega 1915. godine postoji antologijska fotografija kralja Petra – u narodu od milošte zvanog Pera – na volovskim kolima. Kada je, pedeset godina kasnije, došla do ruku američkom reditelju Džonu Fordu, odlučio je da snimi film o epopeji srpske vojske. Pregovori sa jugoslovenskim vlastima nisu uspeli jer su mu umesto forsiranja Albanije uporno nudile neku od partizanskih ofanziva. Na kraju je slavni reditelj odustao. Četvrt veka kasnije Srbija je prokockala sve bonuse istorije stečene u dva veka borbe za nezavisnost. Prvi put nije bila na pravoj strani, već je krenula za lažnim mesijom u tmine nasilja i zločina.

Pamtim dedu kako se u jesen, kao duh, pojavljuje u našem stanu u *Vili Mariji*, sa gajbom sićevačkog grožđa. Putovao je noću. Rano ujutro sestru i mene bi probudio njegov glas. Još sanjivi, trčali smo mu u zagrljaj. On krut, bez suvišnih reči, samo sija očima od radosti. Bojažljivo bih dodirnuo beleg ožiljka na zgrčenom kažiprstu desne ruke. Deda bi se osmehnuo i rekao da mu je to uspomena sa Solunskog fronta.

Imao je besplatnu železničarsku kartu. Često bi doputovao nenajavljen, proveo nekoliko dana, i onda se noćnim vozom vraćao za Beograd, i dalje za Niš i Sićevo. Nije dozvoljavao da ga bilo ko prati. Jednom ga je urar Maleša odvezao kolima na voz, jer je duvao jak jugo i padala je kiša. Posle je pričao da je deda puna dva sata ranije došao

na stanicu. Ta navika živi u meni – satima bazam po aero-
dromima i železničkim stanicama čekajući polazak.

Tog popodneva na groblju Zejtinlik, gde je nekada
bila glavna poljska bolnica srpske vojske, hodam između
grobova i čitam imena poginulih ratnika. Živojin Jan-
ković iz Lučana, grobno mesto 723, redov četvrte čete
prvog bataljona Timočkog puka. U sledećem redu, pod
brojem 703, Danilo Radojčević iz Sićeva, redov dopunske
komande. Pod svakim brojem sahranjena je jedna priča.
Najviše je neispričanih, nevidljivih priča. Naslućivao sam
ih tokom onih šetnji grobljima, kada smo se sestra i ja
takmičili ko će otkriti što više stogodišnjaka, a mama za to
vreme tražila grob nekog našeg navodnog rođaka. Lutaju-
ći pošljunčanim alejama po Sustipanu, Trsatu, Sremskoj
Kamenici, Varaždinu, gradio sam, iz šturih podataka,
imena i datuma ispisanih na mermernim pločama, svoje
priče, izmišljao životopise. Gde god da se uputimo, već
smo na teritoriji nekih drugih života.

Na Zejtinliku nema stogodišnjaka. Pod humkama leže
samo prekinute priče.

Tu, u bašti mermernih krstača, sahranjen je Toša Zaka
iz Vršca, austrougarski vojnik zarobljen na ruskom fron-
tu. Njegovu priču deda mi je više puta ispričao. Zajedno
su ležali u bolnici na Zejtinliku. Toša se u Galiciji predao
Rusima, dospeo u zarobljeništvo, i onda u Odesi stupio u
Prvu srpsku dobrovoljačku diviziju. Transport na Solun-
ski front je, zbog izbijanja revolucije u Rusiji, usmeren
preko Sibira sve do Vladivostoka, Port Artura, Singapura,
pa zatim Sueckim kanalom do Aleksandrije, i konačno
u Solun. Deda je često pominjao mesta Tošinog puteše-
stvija. Pamtio sam ta imena, kasnije ih naglas izgovarao,

lomeći ih na slogove: Vla-di-vos-tok. Sin-ga-pur. A-lek-
-san-dri-ja. Bio je to moj način ulaska u gradove. Probijao
sam se između slogova u tamu nepoznatih ulica i trgova,
izbijao na obale reka, šetao beskrajnim promenadama. Za
putovanje dovoljno je ime grada, dodir tvrdih konsona-
nata i širokih vokala.

„Kakav put", uzdahnuo bi deda. „I onda završiš na Zej-
tinliku. Tošina rana u početku nije izgledala opasno. Moje
su bile mnogo teže. Od gelera u potkolenici jedva su mi
spasli nogu. Toša se brže oporavljao. Onda mu odjednom
krenulo po zlu. Gasio se kao sveća. Preći čitavu Aziju da
bi završio na Zejtinliku. Sudbina."

Sutradan, čitavo prepodne provodim pod svodovima
pijace Modijano. Sagrađena nakon velikog požara 1917.
godine, svakako nije postojala u Lizetinoj memoriji. U
delu pijace izvan glavne zgrade nižu se tezge sa suvenirima
i kineskom robom. Sasvim na obodu nailazim na stari-
narnicu. Pod tendom, na dugačkoj tezgi, izložen sadržaj
sa tavana i podruma. Figure, ordenje, porcelanski tanji-
ri, kristalne čaše, srebrnina, kompasi, svećnjaci, gobleni,
lampe, prostirke, nakit, jatagani, satovi. U jednom san-
duku svežnjevi pisama, starih fotografija, razglednica,
mapa, raznih dokumenata. Neke slike su sa kartonskim
paspartuima. Uzimam duguljastu fotografiju, uramljenu.
Pod muzgavim staklom tri devojčice u lažnom čamcu
fotografskog studija.

Fotographion Thanasis, Thessaloniki.

Na poleđini, sitnim rukopisom ispisano nekoliko
redova. Mastilo je skoro sasvim izbledelo, jedva se nazire

poneka reč. Tekst je na francuskom. Prodavac pogađa moje misli i pruža mi lupu. Polako klizim po tekstu. Razumem samo reč na početku: *Salonique*. Datum je mrlja u kojoj se nazire razlivena reč *juillet*, i godina *1908*. Razmišljam nekoliko trenutaka da li da kupim uramljenu fotografiju. Jer, konačno sam posle pola veka stigao u grad boje sepije sa zida Lizetine sobe. U to vreme i ona je devojčica kao ove tri u lažnom čamcu. Možda su se poznavale? Išle u istu školu? Igrale se u Bešinarskim vrtovima? Ili se samo mimoišle u šetnji promenadom uz more?

Tri nasmejane devojčice, odavno u boljem životu. Odustajem. Spuštam fotografiju u kutiju, vraćam lupu prodavcu. Brzo se udaljavam sa pijace. Međutim, nelagodnost izazvana mutnim licima tri devojčice sa fotografije ne prolazi. Diše u meni i pola časa kasnije dok sedim na terasi restorana *Negroponte* u Ladadika kvartu. Čudno je da koga god pitam za Bešinarske vrtove, samo odrečno vrti glavom. Lizeta ih sigurno nije izmislila. Pre će biti da sam ja pogrešno memorisao ime tog parka. Nakon pola veka svi solunski toponimi sa Lizetinog zida toliko su modifikovani u mom sluhu da više i ne pokušavam da ih pronađem. Nemoguće je proći gradom boje sepije.

Moj sto više nije u senci. Posle ručka dremam na majskom suncu. Opušten sam. Bez obaveza. Odbacio sam proteze besmislenih zadataka koje sebi redovno nametnem kada negde doputujem. To je način da se osiguram pred bezdanom slobode. Ovde, u Lizetinom gradu, osećam se kao njen izaslanik. Sve radim bez žurbe i zadihanosti, bez unapred smišljenog plana. Žmurim. Iz dubine memorije isplivava ono jutro kada me je Lizeta, vrativši se sa pijace, zatekla u spavaćoj sobi. Fioke ormana su otvorene. Stojim uplašen, tek korak udaljen od zida sa fotografijama. Obraća mi se na grčkom, i sve vreme se osmehuje. Neočekivani talas olakšanja ispunio me radošću. Poželeo sam da zauvek ostanem sa Lizetom. I zato bezbrižnost ima miris njenog stana. Zato je sve ove godine Lizetina senka u mom sećanju.

Kakva to božja promisao na početku života udeljuje prizor čiji je smisao nerazumljiv? Da li na nekoj deonici puta čeka razjašnjenje rebusa ispisanog u detinjstvu? Svet je prekriven znacima. Obijeni vagon u Vinkovcima samo je najava jednog drugog događaja, petnaest godina kasnije, kada ću za dlaku izbeći smrt u saobraćajnoj nesreći na periferiji tog grada.

„Zar opet Vinkovci", rekla je mama kada sam joj javio za udes.

Pisanje nije ništa drugo do dešifrovanje znakova u tkanju svakodnevice. Onih nekoliko dana kod Lizete, kada sam prvi put osetio da život može biti spokojan, upisalo se u memoriju kao teritorija ka kojoj sam krenuo. Jednom, sve će doći na svoje. Ništa se nije tek tako, slučajno, ukazalo. Na svetu smo da bismo razumeli i dobro i loše. Sve one besmislene smrti za koje ne postoje krivci, već samo nemi izvršitelji. Pomirenost sa sudbinom. I beskraj vode po kojoj se nekad može i hodati.

Tog majskog popodneva, na terasi restorana *Negroponte* u Ladadika kvartu, osećam se tako opušteno. Svi rokovi su prošli, svi datumi potrošeni. Sve što je po nekom prirodnom sledu trebalo da se ispuni, već se dogodilo. Preplavljuje me spokoj, tiha radost što sve ima početak i kraj. Što ništa nije večno.

Stigao sam u godine koje je Lizeta imala kada sam je prvi put ugledao na prozoru kuće preko puta *Vile Marije*.

Stajao sam pored ograde, naslonjen na lava od terakote, i posmatrao mornare kako prenose nameštaj iz vojnog kamiona do našeg stana na spratu. Na prozoru kuće preko puta pojavila se starija žena. Tokom tog novembarskog popodneva, dok pod oštrom komandom moje majke mornari premeštaju stvari po stanu, a otac proverava ispravnost prekidača i utičnica (mama je imala patološki strah ne samo od vode, već i od struje), sestra i ja ćemo upoznati Lizetu. U njenom stanu proveli smo veče, pred ekranom televizora. Bio je to prvi televizor koji smo videli. Program je bio na italijanskom.

„Piši o Lizeti, njen život je roman", čujem mamin glas. „Sve ću ti ispričati. Tvoje je da posle samo povežeš."

Da, tako je rekla onog popodneva u dvorištu doma. Možda je to bila njena strategija da me odvuče od misli da slučajno ne bih pisao o njoj? Istine su konačne, jednom zasvagda utvrđene, kao što je to bio raspored stvari u našem stanu u *Vili Mariji*. U sobama su ispred svih prozora stajale prepreke u vidu fotelja, komoda, polica. Važno je bilo onemogućiti pogled na ulicu, sačuvati mir od spoljnjeg sveta. Sve upakovati i proknjižiti.

Gledam niz solunsku ulicu. Svaki čas promiču Afrikanci nudeći na prodaju naočare, satove, mobilne telefone, čarape, lepeze. Idu u talasima. Niko ništa ne kupuje. Međutim, oni uporno saleću prolaznike. Kada se približe terasama restorana, kelneri ih oteraju. Te afričke izbeglice samo žele da pronađu pukotinu u kojoj bi da uspostave egzistenciju, da prežive svoje zemaljske godine. Nekada su Evropom lutali torbari, nadrilekari, zabavljači i varalice svih fela, od svirača harfi do zvezdoznanaca; danas afričke i azijske izbeglice opsedaju njene granice.

Spuštam etalon od pola veka u dubinu vremena. Ulazim u dvorište *Vile Marije*. To su moji Bešinarski vrtovi gde, sa decom iz komšiluka, u smiraj dana igram žmurke. Osećam Lizetin pogled dok se krijem između grmova šimšira. Potreban je samo još jedan etalon od pola veka pa da ugledam devojčicu Lizetu na balkonu porodičnog hotela u francuskom kvartu. Da je ispratim na njenom putu do muzičke škole u Ulici Kuskura; nedeljom u šetnji sa roditeljima promenadom uz more. Tu sam gde je i Lizeta nekada bila. A opet, nijedna kuća koju vidim nije iz vremena kada je ona tuda prolazila. Baš sve nedostaje. Intonacija bez koje ne mogu čuti rumor grada sa razglednica boje sepije, viku prodavaca na Kapani pijaci, reči izgovorene na turskom, grčkom, ladino, francuskom, bugarskom, italijanskom jeziku. Ni huk vozova, ni parobrodske sirene, ni zvono tramvaja. Ne znam ni kako je Lizeta otputovala u Beč. Da li ju je neko pratio na tom dugom putu? Živi u internatu frau Haslinger u devetnaestom becirku i studira solo pevanje. Mašta o karijeri operske pevačice. Izbija rat. Lizeta se privremeno sklanja kod rođaka u Trst. Tri godine kasnije, u velikom požaru izgoreo je čitav kvart u kojem je odrasla, nestali su njeni roditelji i svaki trag prethodnog života. U Solun nikada više nije otišla.

„Bog s tobom, odakle ti to?“, opet se oglašava mama. „Samo bi da izmišljaš. Jeste, bila je u Solunu, odmah nakon rata. Vratila se u Trst užasnuta onim što je tamo videla. Kroz kakav pakao je prošla.“

Slede priče iz budoara, iz potpalublja tuđih života. Defiluju Hiterotovi, grof Milevski, Diona Fažov... Gde li je samo pokupila sve te epizode? I čime je nju Lizeta toliko fasicinirala? Životom o kojem je mogla samo da mašta, jer je Lizeta bila sve ono što je moja majka želela da bude. Pa ipak, prema njoj nije ispoljavala ljubomoru kao prema drugim ženama sa burnom prošlošću. Obe su bile odbačene od svojih majki. Iskustvo internata učinilo ih je bliskima. Ponašale su se kao zaverenice. Sporazumevale su se samo njima razumljivim znacima. Na isti način su zatezale čaršave. U nekoliko poteza bi ujutro namestile krevete, vešto izvlačile prave linije na dodiru jastuka i pokrivača, kao da su još uvek pitomice bečkog i šabačkog internata.

U vreme kada smo se doselili u Gupčevu ulicu, Lizeta više ne predaje solfeđo u muzičkoj školi. Prestala je i sa privatnim časovima. Stotinu metara niz stube, u Ribarskoj ulici, živi njena naslednica, profesorka Fažov. Ona je spremala moju sestru za festival *Djeca pjevaju 1964.* u Zagrebu. Pričalo se da je posle rata, u vreme anglo-američke uprave, Diona Fažov svirala na oficirskim zabavama u *Vili Mariji*, koja se tada zvala *Hotel Central*. Navodno je bila u ljubavnoj vezi sa jednim engleskim kapetanom. Urar Maleša tvrdio je da je i Lizeta uzimala učešća na tim zabavama. Pevala je melodije iz opereta. Iako je urar Maleša došao u Pulu nakon povlačenja anglo-američke vojske, sebe je smatrao svedokom tog vremena. Prepričavao je priče koje je od drugih čuo sa takvom ubedljivošću da se s vremenom pretvorio u svedoka iz prve ruke. A tako je malo bilo pravih svedoka. Grad je za nekoliko meseci sasvim opusteo. Većina Italijana iselila se nakon dolaska partizanske vlasti. Međutim, to nije sprečavalo uboge duše da šire glasine, da daju oduška zavisti i licemerju. I ugrožavaju život onim Italijanima koji su ostali.

„Svi ljudi su pisci", tvrdila je moja mama. „Na svetu nema osobe koja nije izmislila barem jednu priču. Zato tolika zbrka."

Jedan Afrikanac hitro prilazi stolovima, nudeći lepeze. Na pojavu kelnera, odmah se udaljava. Njegove lepeze kao da su izašle iz Lizetinih fioka. Svilene marame, šalovi, čarape, broševi, narukvice. Miris lavande. Sve je u ponudi. Večere od lovine urara Maleše, Lizetine fotografije, zagonetni očev osmeh dok društvo za stolom hvali moju majku, inventar ukradenih stvari u Vinkovcima, i mamine reči: „Jednom, kada ti se sve izbistri, razumećeš da je tvoje samo ono što postoji u sećanju."

Stigao sam u godine Lizete Bizjak, a koliko sutra možda ću biti vršnjak Milkice i Irme Car. Mogao bih sa njima u šetnju, ruku pod ruku, trsatskim stubama do Rječine, otići na sladoled kod *Slavice*. U pravu je mama: ne izmišljati, važno je samo dovoljno dugo gledati u sebe. Vreme je da lociram to *tamo*. Da mu se približim iz drugog ugla. Da ponovo proživim svaki trenutak sačuvan u memoriji. Postao sam vlasnik nekih novih perspektiva.

Prednost starosti je što više nema šta da se izgubi. Sve karte su na stolu. Meki dodir demencije nagrada je za pređeni put. U godinama sam koje je mama imala kada je na trenutke počela da se gubi.

„Ti i ja smo jedini živi od čitave naše generacije", rekla je zamišljeno. „Valjda zato što smo dobro organizovani, pa nam je sve usput, i život nas ne umara."

Vreme je da mami podnesem izveštaj.

Ljudi sa plaže zavladali su svetom. Sećaš se onih dobrodušnih prostaka kako gaze po našim peškirima na Stoji i Valkanama? Klibere se, dovikuju, gase pikavce u pukotinama stena. Grickaju semenke i dobacuju u bioskopu. Opušteni i beslovesni u večnosti vremena sadašnjeg. U besomučnoj trci za lagodnostima i uživanjima, svet se degenerisao obiljem. Nestalo je prošlosti. Niko se više ničega ne seća. Brzina je ukinula pamćenje. Žudnja je slabost. Sećanje je poraz. Sramota je imati neostvarene želje. Bezbrižnost je u zaboravu.

Nije tačno da, ako se dobro organizuješ, sve ti je usput. Naprotiv, ništa ne sme biti usput. Ušteda ponižava, uzima dah, stvara ropski duh, udaljava od nepredvidivog.

Nastupa nova epoha. Jedva hvatam dah na međuspratovima. Nestali su zatoni uzvišenosti i tišine u divljim nadogradnjama. Na sve strane bauljaju građevinski preduzimači sa lažnim papirima, bankarski službenici zalepljenih osmeha, doušnička menažerija policajaca i kriminalaca. Svi oni glume sigurnost, u paničnom strahu da će biti razotkriveni. Usled klimatskih promena nemilosrdno se lome karakteri, sužava pamet, relativizuje moral. Zaleđa su osvojila i prekrila gradove. Građane istiskuju podanici naciona i internacionalnog kapitala. Uspostavlja se civilizacija menadžera, galerista, reklamnih agencija, sumnjivih eksperata, logoreičnih novinara, korumpiranih sudija. Prevare su legalizovane. Rečnici su opusteli. Tek nešto malo neistrošenih prideva preostalo je za nekrologe.

Tog popodneva na terasi restorana *Negroponte* odlučio sam da poslušam mamu, da se uputim *tamo*. Da svedočim.

Samo se sećanjem mogu suprotstaviti ljudima sa plaže.

11.

„Svesti je pristupačan samo neznatan deo mozga, kao, recimo, mali sektor u kružnici. Tamo su sva naša znanja, sve naše sadašnje pamćenje, jednom rečju: sve zbog čega živimo. A ostala površina koju ne poznajemo – šta ona sadrži? Možda uspomene na stolećima udaljena vremena, znanja zaboravljenih jezika i gomilu stvari koje borave u hiljadugodišnjoj letargiji. I kada bismo jednom to mogli da saznamo…“, zapisao je Gajto Gazdanov u priči *Uspomena*.

12.

Otkako sam se vratio iz Soluna, vrtim fantazam: stići prvi put u grad u kojem sam odrastao.

Doći kao stranac, uroniti u crnilo prošlosti, poput junaka iz nekog Melvilovog filma. Nikome se ne javljati. Doputovati bez mape puta. Nemati plan. Opustiti se. Hodati ulicama koje pamte senke od pre dve-tri hiljade godina. Zavlačiti se u prolaze podno Kaštela, popeti se na toranj meteorološke stanice. Jednim udahom progutati grad.

Dugo na internetu proučavam pulske hotele. Tražim neko skrovito mesto u samom centru, a opet po strani. U Pulu ću doputovati noćnim autobusom. Tek će svanuti kada se uputim sa stanice prema centru grada. Prva pomisao bila je *Rivijera*, najstariji pulski hotel, raskošno zdanje iz vremena secesije, blizu obale, parkovima odvojeno od mora i amfiteatra. Spremište sladunjavog austrougarskog vremena. Samo sebi dovoljno. Na velelepnoj terasi sa pogledom na zaliv skoro pola veka defilovale su filmske zvezde. Nakon propasti socijalizma legendarni hotel biće sveden na jednu jedinu zvezdicu. Nisam raspoložen da bajatim marcipanima dozivam prošlost. Bacam ovlašan pogled na rubriku kategorije. S užasom otkrivam da je *Rivijera* u međuvremenu ostala bez i one jedine zvezdice, ponižena statusom običnog prenoćišta.

Lutam dalje po internetu. I onda, ugledavši poznatu zgradu, donosim konačnu odluku.

Izbor je pao na hotel *Skaletu*, u blizini amfiteatra, na korak do nekadašnjeg bioskopa *Istra*. Presudio je izgled zgrade. Nebrojeno puta prošao sam pored te dvospratnice. U međuvremenu je porasla za još jedan sprat i postala hotel. To su kuće u kojima se osećam tako sigurno, u kojem god gradu da sam – Puli, Ankoni, Monfalkoneu ili Rijeci. Spokojan sam iza tih jednostavnih fasada boje prašine, sa prozorima uramljenim belim kamenom. Skromnost i čvrstina.

Odsutno prelazim pogledom po fotografijama soba, restorana, foajea, jer misao me jedna već vuče mimo sajta, uzbrdo, stubama uza samu metalnu ogradu amfiteatra, sasvim gore, do Trga filmskog festivala. Tamo je stanovao Đanfranko, drug iz muzičke škole. Tu je i sto na koji on jednog popodneva, posle nastave, mirno spušta ogrizak od jabuke, dok ja, šokiran prizorom, nekoliko trenutaka svoj ogrizak držim u ruci, snebivajući se da ga prepustim blistavoj polituri.

U toj kući nije bilo zabrana. Sećam se njegovog oca, slikara, čitav dan provodio je u ateljeu u koji se ulazilo stepenicama iz široke lođe. Stan im je bio pravi lavirint, uređen mimo socijalističke estetike iz šezdesetih godina prošlog veka, čiji je kanon podrazumevao regal u dnevnoj

sobi, šustikle na nahtkasnama, goblene, venecijansku gon-
dolu na televizoru. U stanu Đanfrankovih roditelja vladala
je drugačija estetika. Široki planovi bez suvišnih stvari i
predmeta. Vitka figura njegove majke, bestežinska poput
zavese, izronila bi odnekuda, tihim glasom nas obavestila
da u kuhinji imamo voće i kolače, i onda bi nestala u nekoj
od senovitih soba. Na prozorima u tom prostranom stanu
roletne su bile dopola spuštene. I leti i zimi vladao je polu-
mrak. Đanfranko mi je jednom, onako usput, pomenuo
da njegova majka boluje od živaca, i da joj smeta svetlo.
Zavideo sam mu na tišini i opuštenosti. Na slobodi. Na
lelujavoj majci. Na ocu koji je uvek tu negde, a ipak odsu-
tan. Oboje su bili već u pedesetim godinama. U školi su
Đanfranka zadirkivali da su ga rodili baba i deda. On se
samo ravnodušno osmehivao. Jednom mi je rekao da ima
još dva brata, jednog po ocu, koji živi sa svojom majkom, i
drugog po majci, koji je već odrastao, i živi sam. Pitao sam
se da li u toj kući uopšte ima tajni? Ili Đanfranko samo
nije savladao tehniku prećutnog porodičnog dogovora
koji jasno propisuje šta se ne sme izložiti pogledu okoline?

Gledam zgradu hotela *Skaleta*. To je taj ugao odakle
je samo minut do bioskopa *Istra*. Po običaju kasnimo,
biletarnica je možda već zatvorena. Mama ipak uspeva da
ubedi blagajnicu da joj proda karte. Pojavljuje se razvod-
nica sa baterijom. Sledimo mlaz svetla, zatim se pognuti
provlačimo do naših mesta. Okolo neguduju, zvižde, psu-
ju. Od stida najradije bih u zemlju propao. Što pre pobeći,
izgubiti se u kadrovima filma koji se već četvrt sata odvija
na platnu. A kada se predstava završi, i upali svetlo, hitam
prema izlazu udaljavajući se od majke i sestre. Znam šta
sledi. Mama svaki čas zastaje zgrožena đubretom koje su

za sobom ostavili neodgovorni gledaoci. U sredini reda negoduju što se kolona ne kreće brže.

„Kao da si u štali, a ne u bioskopu", ponavlja mama glasno.

„Uzmi metlu pa čisti", dobacuje joj neko.

Salve smeha. Ja grabim prema izlazu, što dalje od komentara koji pljušte sa svih strana.

Sačekao bih mamu i sestru u podnožju stepenica koje vode na Monvidal. Na tom uglu, gde je nekada bio restoran *Zagreb*, danas je hotel *Skaleta*. Da, to je pravo mesto susreta koji mi predstoje na putovanju započetom pre pola godine u Solunu, putovanju u vlastiti život.

A onda je stigao poziv za gostovanje na Sajmu knjiga u Puli. I sve je ispalo drugačije od planiranog.

Gosti su smešteni u hotel *Pula* na Verudi. Već prvog dana odlazim do hotela *Skaleta* i pravim rezervaciju za narednu nedelju. Ne odustajem od prvobitnog plana. Kad se završi Sajam, ostaću neko vreme u svom gradu. Ništa neću izmišljati, samo pronalaziti.

Biram sobu na drugom spratu, koja gleda na stepenište, tačno iznad ugla gde sam šezdesetih godina prošlog veka čekao mamu i sestru. Tu je početna stanica predstojećeg putovanja. Obavezno otići do Rovinja, obići Crveni otok, potražiti Lizetine tragove. Svakako pronaći urara Malešu. Ako je živ, ušao je u devetu deceniju. Prokrstariti gradom koji se na svakom koraku pretapa u duplu sliku. Gledam ono što jeste. Vidim i ono što je nekad bilo.

Na kraju će se pojaviti priča koja nije izmišljena, priča kakvu bi mama sa uživanjem čitala. Njena priča. Onakva kakve je i sama u mladosti pisala ne bi li očvrsnula konture sveta u kojem je godinama živela – internat Učiteljske škole u Šapcu. Otkriti što više detalja, svaka slutnja ima svoje mesto, ništa nije slučajno nastalo. Važno je samo beležiti. Kasnije će na red doći hoteli i pansioni, sve one adrese na kojima se odvijala njena samačka svakodnevica. Po toj teritoriji kretala se kao neprikosnoveni vladar. Stvari i predmeti imaju svoj tajni život. U ljubavi su pčela i mrav. Pravda na kraju uvek pobedi.

U tom svetu sam i ja začet. Sigurno je postojala beleška o poznanstvu bez kojeg ni mene ne bi bilo. I niz drugih događaja kodiranih sa nekoliko reči u svesci kojoj se gubi trag jedne novembarske noći 1958. godine na stanici u Vinkovcima. Iskusni islednik krenuo bi od obijenog vagona. Popisao ne samo ukradene stvari i predmete, već bi od oštećene zatražio da se priseti imena hotela koje je tako uredno beležila. Svaki detalj je važan. Tu su možda adrese budućih događaja. U toj svesci je rodno mesto mnogih iluzija koje će mama predati u nasledstvo svojoj deci. Odlaganje užitka. Strah od ispunjenja želja. Opsednutost grobljima. Čvrsto uverenje da je zaborav samo jedan vid pamćenja, vrhunska konzervacija ostavštine za potomstvo.

Rezervisao sam sobu u hotelu *Skaleta* i kroz maleni park uputio se prema obali. Tražim pogledom kamenu klupu na kojoj mama sedi i gleda u more. Koliko puta mi je pomenula tu prvu posetu Puli 1949. godine. Sa zebnjom konstatuje da je u napuštenom gradu. Na sve strane lepršaju državne zastave. Na fasadama parole na italijanskom i hrvatskom jeziku. Neke su ispisane ćirilicom. Čitav dan je provela u opštinskom komitetu i po polupraznim kancelarijama lučke uprave. Trebalo je odabrati najkomplikovanije predmete i odneti ih u Direkciju luka Severnog Jadrana. Jedva je dočekala autobus za Rijeku. Što dalje od tog grada u koji više nikada neće doći. Tako je govorila u sebi dok se autobus svaki čas zaustavljao da prihvati putnike po usputnim selima. Onda je došlo do kvara, koji je inicirao epizodu sa udbašima iz Labina. Večera u hotelskom restoranu u Raši. Naglo spuštanje zavese. Prekid predstave.

Nastavlja put autobusom koji se, kao *deus ex machina*, odjednom pojavio. Zadovoljila je kanone vlastite dramaturgije, svakoj banalnosti našla utočište, odgovorila na suvišna pitanja, ostavljajući bez raspleta glavni tok radnje. Prepoznajem taj suludi metod uređivanja sveta koji sam primio u nasledstvo: viškovima opteretiti priču, udaljiti se od suštine. Mama je stalno tražila opravdanja za svoje postupke. I redovno gubila zacrtane ciljeve.

Sve što je odbijala da zamisli, čega se grozila, nepogrešivo joj se ostvarilo: brak sa vojnim licem, život u Puli, starost u domu. I, na kraju, odlazak na onaj svet u sanduku, umesto u urni.

Šta vidi dok sedi na klupi? Brodogradilište, fabriku cementa, obrise kasarni na poluostrvu Muzil, prugu na samoj obali. I neki drugi život.

Od tog vremena sve se promenilo, ali kolosek na ivici mora postoji i danas. Pulska porodična priča čekala je jednu deceniju da bi počela baš tamo gde se odigrao mamin prvi susret sa tim gradom: na rivi ispod Arene.

Pola veka kasnije, dolazim da ispišem apendiks jedne priče koja je počela pre svog stvarnog početka, kao što sve životne priče i počinju, sledom izvesnih okolnosti, naizgled sasvim nevažnih. Jer, pre nego što se zbio događaj, postoji njegova najava u vidu blagog uznemirenja na kakav prizor, ime ili zvuk, osetljivost na pojedine reči koje izrone u času buđenja, intonacije nepoznatih glasova, pad šišarke na pošljunčanu stazu parka, ili tek prhut krila noćne ptice. Sve su to znaci jednog višeg reda čiji nam smisao izmiče, pa u nedostatku objašnjenja govorimo o slučajnostima i koincidencijama.

Tokom narednih nekoliko dana dešavaju se susreti sa osobama koje su već decenijama samo rekvizite u nepreglednom fundusu prošlosti. Nakon književne večeri u galeriji *Makina* prilazi mi krupan čovek blizu šezdesete, prosed, gustih obrva. Osmehuje se, čeka da ga prepoznam, što će se i dogoditi čim progovori.

„Ti se mene ne sećaš?"

Za tren bivam poznatim baritonom spušten u dubinu vremena.

„Goran Ban", naglas izgovaram ime druga iz gimnazije.

„Ovo je tvoje, vraćam ti", kaže, i daje mi knjižicu malog formata, tvrdih korica.

Posle tačno četrdeset godina vratio mi je logaritamske tablice koje sam mu pozajmio za maturu. Prepoznajem na marginama vlastiti rukopis iz tog vremena. Hijeroglife bih lakše razumeo nego nizove cifri, beskrajne kolone brojeva u paralelnim stupcima na dve stotine strana knjižice.

„Ne mogu da verujem da sam ikada znao da koristim ove šifre", kažem Goranu dok sedamo u obližnju gostionu iza Avgustovog hrama.

Nazdravljamo malvazijom susretu posle četiri decenije. Saznajem da je Goran Ban geodeta, stručnjak za kapilarnu vlagu. Isušitelj starih kuća po Istri i kvarnerskim ostrvima. Pominje kako je pre nekoliko godina radio na zgradi baš preko puta *Vile Marije*.

„Ja tragam za jednom osobom koja je u toj kući stanovala", viknuh uzbuđeno. „Na drugom spratu. Možda baš u tom stanu koji pominješ."

„Misliš da je još tamo?"

„Ne... Mora biti da je davno umrla. Kada smo se mi doselili u *Vilu Mariju*, imala je oko šezdeset godina."

„Nešto kao mi danas, stari moj."

„Da... Lizeta Bizjak, tako se zvala. A je li još živ onaj urar preko puta pijace? Maleša."

„Josip Maleša! Letos je proslavio jubilej, šezdeset godina svoje urarske radnje."

„Nemoj reći da još uvek radi!"

„Pojavi se oko podneva svakog dana, ali radnju već godinama vodi njegov sin."

„Družio se sa mojim roditeljima. Bio je strasten lovac. Donosio nam je zečeve i fazane."

Zaćutasmo za časak. Gledam oko sebe. Ovi ljudi, lokalni pijanci, tako lako bi mogli da nasele kakvu graviru. Pored Avgustovog hrama uvek je bujao život. Krčme i svratišta bili su puni. Tu, nadomak luke, putnici su čekali da utihne jugo, da okrene na buru, pa punim jedrima nastaviti dalje, put Kvarnera, ili, na drugu stranu, prema lagunama Serenisime.

Svi su oni tu. Neuništivi. Lebde senke Kandlerovom ulicom, iščezavaju u strmim prolazima podno Kaštela.

Žurim za obrisom malene figure koja grabi pustim gradom, nakon obavljenog posla u opštinskom komitetu. Nosi tešku torbu sa fasciklama predmeta. Negde je svratila na ručak. Još uvek je na snazi režim racionalizacije namirnica. Kupuje se na bonove. Verovatno je ručala u menzi u Prvomajskoj ulici, tamo gde će kasnije biti *Narodni restoran*, i gde ćemo i mi, po dolasku u Pulu, odlaziti porodično na večere.

Ali, tada, kada je mama prvi put u tom gradu, narodna vlast se tek učvršćivala. Na crnoj berzi se kupuju američke konzerve, cigarete, najlon čarape, penicilin. Bilo je isuviše promena vlasti tokom poslednjih deset godina te su resursi morala uveliko potrošeni. Gorštaci su doneli nervozu u pitomi grad. Mama je nepoverljiva prema uniformama, vešto se koristi maskom bezazlene devojke u godinama. Iskustvo internata snabdelo ju je strpljenjem i skromnošću. Kada je u jesen 1948. godine došla iz Beograda u Rijeku, i zaposlila se u Direkciji luka Severnog Jadrana, nekoliko nedelja živela je u hotelu *Jadran* na Pećinama. Kasnije se seli u centar grada, u hotel *Bonavia*. Većina stanara su samci. Atmosfera tih privremenih adresa, pre nego što je našla sobu kod sestara Car na Sušaku, podseća je na šabački internat. Oštar miris sredstava za dezinfekciju, tanka ćebad, topla voda samo u jutarnjim satima.

Negde u to vreme počinje da vodi evidenciju o svojim boravcima u hotelima. Uređuje svakodnevicu po strogim kanonima samice koja na kraju treće decenije života i dalje u sebi vodi borbu, rastrzana između uloge mentora i štićenika. Na kratkim izletima daje oduška svojoj veseloj prirodi. Slutim da je po povratku iz Pule upisala u svesku ime hotela u Raši, koji će dve decenije kasnije, sa gašenjem rudnika, degradirati u obično prenoćište. Bela neonska svetla *Prenoćišta Raša* zauvek će se ugasiti početkom sedamdesetih godina prošlog veka.

„Logaritmi su putokazi do istine", prenu me Goran.

„Moja majka je čitavog života tragala za nekakvim putokazima, gotovim rešenjima koja vode do konačnih istina. Bila je ubeđena da tako nešto postoji. Proći kroz život sa što manje problema i neprijatnosti."

Molim ga da mi kaže još nešto o logaritmima.

„To su brojčane dijagnoze koje pomažu da se nepoznanice privedu svetu poznatog. Odstupiti od tih dijagnoza znači naći se duboko u laži. Logaritmi su brojevi koji pojednostavljuju složeno."

„Tako je već bolje. Odstupiti od tih putokaza, kažeš, znači potonuti u svet laži. Sasvim dovoljno, sada već imam obris."

Goran se ubrzo vraća na omiljenu temu o vlazi, o austrougarskim vilama na Verudi, o planovima saniranja, u čemu će njegova firma *Folan* biti jedan od nosilaca projekta. Dok ga slušam, preda mnom iskrsavaju vile pored kojih sam svakoga dana prolazio na putu do škole, kada smo se, krajem šezdesetih godina prošlog veka, preselili u naselje novogradnji u blizini vojne bolnice. Bio je to izgon iz prostora sa prošlošću. Odjednom sam se našao napolju, nezaštićen, bez stanara koji su tu pre mene živeli, i sa kojima sam na neki volšebni način delio isti prostor. U novom stanu nije bilo tragova. Nije bilo priča. Sve je mirisalo na novo: lakirani parket, drvenarija, viseći kuhinjski elementi, peć na gas. Bio sam sâm. Kasnije, birajući putanju do škole, polako sam uočavao detalje na fasadama austrougarskih vila, uvlačio se, u mislima, u te prostore koji su se toliko razlikovali od monotonih stanova u novogradnjama. Izbegavao sam stari kraj. Kad god bih se našao u Gupčevoj ulici, srce bi počinjalo ubrzano da mi kuca. Hitao sam u susret broju 14. Pred *Vilom Marijom* zastao bih kao opčinjen. Bio sam ona Italijanka sa gordim pogledom sfinge.

„Zavideo sam ti na *Vili Mariji*", trgnuo me je Goranov glas.

„Pa ni kuća u kojoj si ti živeo nije bez pedigrea."

„To je neuporedivo. Ako se sećaš onih dvospratnica u produžetku moje ulice, gde su nekada davno bile radnje kišobrandžija i čistača cipela, tu mi je sada biro."

„Kako se ne bih sećao. U dvorišnom delu jedne od tih kuća živeo je moj drug iz osnovne škole, Hrz Avdo."

„Ne sećam se Avda. Kada smo se mi doselili u taj ogromni stan na spratu, čistači cipela i kišobrandžije već su otišli. Lokali su dugo bili zatvoreni. Posle su došli advokati."

Goran nastavlja da, manirom rođenog popisivača, sastavlja inventar pulskih ulica i trgova. Iz dubina vremena izroni poneki lik, kakav je bio Laštiko, tapkaroš na subotnjim pretpremijerama ispred bioskopa *Beograd*. Imao je običaj da tokom predstava naglas čita dijaloge. Gledaoci bi, iznervirani, usred projekcije napuštali dvoranu. Redari su ga uzalud opominjali. Bio je dvometraš, i niko nije smeo da mu priđe. Jedini način da Laštiko odustane od svoje navike bio je da mu se plati, što je, navodno, uprava bioskopa i činila. A priloge su mu davali i neki stariji Puljani. On bi stajao pored ulaza, i govorio: „Date malo šoldi Laštiku za marendu."

Četiri dana kasnije, smestivši se u *Skaleti*, otišao sam u Rovinj na sastanak sa direktorkom Zavičajnog muzeja. U polupraznom jutarnjem autobusu nisam odvajao pogled od prozora. Čekao sam da se na Punti, gde je autobus skretao za Rovinj, na obodu parka za trenutak pojavi

kamena klupa iz vremena Italije. Tu, na tom danas mit-
skom mestu porodične priče, slutim, moja majka sumirala
je pređeni put i, kao uvek u trenucima predaha, donosila
konačne odluke, koje će vrlo brzo neumoljive krivine i
usponi svakodnevice istopiti i obesmisliti.

13.

U Rovinj sam stigao čitav sat pre dogovorenog termina kod direktorke Zavičajnog muzeja. Kupio na kiosku *Glas Istre*, a zatim ušao u kafe hotela *Adriatik*.

Kao svaki neurotik, gde god bih se našao, ispunjavao sam kratke vremenske intervale besmislenim radnjama i ritualima. Svaki čas uzimao sam notes da nešto zabeležim, ispišem kakav šamanski crtež. Neprestano sam otvarao i zatvarao ranac, listao tefter sa adresama i telefonima, zavirivao u knjigu koju sam trenutno čitao, proveravao u džepovima da li još uvek imam dokumenta i novac. Jer, trebalo je stalno nešto raditi, makar tek samo šuškati, održavati iluziju o nepomerljivosti spoljnjeg sveta. Sve je baš tako kako jedino može biti, čvrsto i postojano. Možda pogledu sa strane takvo ponašanje izgleda sumanuto i glupo, međutim – bez vezivnog tkiva rituala raspao bi se unutrašnji svet svakog neurotika.

Poručio sam kafu, i krenuo da prelistavam novine. Povremeno bih bacio pogled kroz prozor, na drugu stranu trga, gde je u nizu zbijenih primorskih trospratnica bila i kuća koju je moja majka želela da kupi, kada je pre skoro pola veka sa Lizetom i urarom Malešom obilazila istarsku obalu. Kuće su bile uske, na svakom spratu po jedna prostorija. Niz se u smeru rive završavao tornjem sa satom, koji je podsećao na ogromnu šahovsku figuru. Mama je, čekajući da se tata vrati sa plovidbe, i dâ formalni pristanak za kupovinu, u mislima već obavljala građevinske radove. Sestri i meni dodelila je po čitav sprat. Ja sam se izborio za sobu u potkrovlju. Iako još uvek nismo videli tu našu buduću rovinjsku kuću, sestra i ja smo se zabavljali zamišljajući uske drvene stepenice po kojima smo neprestano išli gore-dole. Sa prozora moje sobe, govorio sam sestri, vide se brodovi na pučini. Ta kuća bila nam je nadohvat ruke, kao onaj sanduk sa igračkama iz Amerike. Nešto mora ostati udaljeno. Želje jačaju duh.

Međutim, planove je poremetila pojava dirigenta iz Beograda, koji je kuću kupio mami ispred nosa. Krajem pedesetih godina 20. veka Rovinj je postao omiljeno odredište Beograđana, posebno umetnika. Povoljno su kupovali nacionalizovane kuće čiji su se vlasnici, uglavnom Italijani, nakon 1945. godine iselili u Italiju. Pola veka kasnije, raspadom Jugoslavije, Beograđani će u bescenje prodavati svoje kuće, i zauvek napuštati Rovinj.

Mama je zbog izjalovljene kupovine bila duboko povređena, na neki način ljuta na čitav taj primorski gradić, i u svojoj ozleđenosti odustala je ne samo od Rovinja, već i od zapadne obale Istre. Krenula je u obilazak istočne obale. Kada se tata vratio sa plovidbe, kupili su kuću u selu Pomer, u Medulinskom zalivu.

Gledam u niz kuća sa kafeima u prizemlju. Jedna je mogla da bude naša. Jedino se urar Maleša možda seća koja je to kuća. Propustili smo priliku da budemo na tom trgu samo zato što je mama uvek insistirala na očevom formalnom učešću u donošenju važnih odluka. Bila je to njena strategija da, u slučaju lošeg ishoda, svu odgovornost prebaci na njega. Da li je još živ dirigent iz Beograda zbog čije su mi hitrine uskraćena mladalačka letovanja u Rovinju? Bio bi to jedan drugačiji život, a opet, tako isti. Jer, eto me, ipak, u Rovinju. Sve se odvija po nekom naizgled neuhvatljivom sledu koji kontroliše podsvest. Šta li je sve u onih devedeset pet odsto *terra incognita* našeg mozgovlja? Čipovi preneti iz milenijumskih dubina leže zaključani u arhivama glava.

Odabiram u nizu kuća baš onu najužu, pored kavane *Batana*. Klizim pogledom uz fasadu sve do krova. Tamo je moj prozor. U decembarskom jutru, nakon kišne noći, vazduh je tako proziran, a vidljivost savršena, da bih sa te moje nesuđene osmatračnice mogao da prebrojim čemprese na obližnjem ostrvu Sv. Katarina.

Odustajem od vremeplova, usredsređujem se na novine. Svu moju pažnju privukao je naslov na početku Pulske hronike.

BAGERI ISKOPALI – LJUDSKE KOSTURE

Posve neočekivano, tijekom plinofikacije i rekonstrukcije vodovodne mreže, u centru Pule, točnije u Preradovićevoj ulici, iza zida stare lokacije Opće bolnice, bageri su „zakačili" podzemne grobove te su na svega 30 centimetara dubine na vidjelo izašli i dijelovi ljudskih kostiju. Na tom je mjestu, gdje

je bila austrougarska utvrda iz druge polovice 19.
stoljeća, nekad postojao Samostan Sv. Mihovila.
Grobovi koji su pronađeni u današnjoj Preradovi-
ćevoj ulici na trasi plinovoda vjerojatno se nalaze na
području nekadašnjeg srednjovjekovnog groblja tog
samostana. S obzirom na spominjanje Pule i groblja
u Danteovoj „Božanstvenoj komediji", u javnosti se
pojavila priča o mogućnosti da je upravo ovo groblje
bilo inspiracija Danteu te da ga je zato i uvrstio u
svoj epski spjev. Dante je vjerojatno bio u Puli izme-
đu 1304. i 1308. godine.

A u toj ulici, u vreme mog detinjstva, živeo je Eugen Poro-
pat. Od njega je moj otac, početkom šezdesetih godina
prošlog veka, kupio svoj prvi automobil, topolino modre
boje, sa pokretnim krovom. Tako jasno vidim lica Eugena
i njegove žene Serđe, njihov vrt u kojem smo se sestra i
ja igrali. Kod Poropatovih nije bilo zabrana. Nisu imali
decu, i sve vreme su nam ugađali. U dnu vrta, uza sam
zid, bila su dva stabla smokve. Sa onog višeg pružao se
pogled na bolničko dvorište u kojem su u tišini letnjih
popodneva šetali bolesnici u pidžamama i mantilima.
Podsećali su na vojnike neke sablasne vojske. Takav je i
Dante Aligijeri – u dugoj crvenoj pelerini, sa knjigom u
ruci – kada sam prvi put video njegov lik na slici u udž-
beniku italijanskog jezika. Pesnik *Božanstvene komedije*
pripadao je, dakle, dvorištu pulske bolnice, tu je sa zidina
benediktinskog manastira posmatrao grad. Inspirisan
nekropolom u podnožju, pomenuće prizor otvorenih
sarkofaga u svojim tercinama.

Mesto odrastanja jeste groblje. Svakog časa negde iskrsnu kosti prošlosti.

Pola sata kasnije sedim u kancelariji direktorke Zavičajnog muzeja, koja me prima na preporuku Gorana Bana. Pokušavam da pomoću Hiterotovih saznam nešto o Lizeti.

„Mnogi su ih posećivali na otoku Sv. Andrija", odgovara mi. „Postoji bogata prepiska u njihovoj ostavštini. Još uvek nije sve evidentirano. Baronica i njena mlađa ćerka Barbara su se tek 1927. godine, punih sedamnaest godina nakon smrti barona Georga, trajno nastanile na svom otoku."

Iznosim pretpostavke o Lizetinom dugom boravku na otoku Sv. Andrija, između dva rata. Poznavala je grofa Milevskog, on joj je navodno bio ljubavnik.

Direktorka se naglas nasmejala. Pita me gde sam našao taj podatak. U vreme kada se Hiterotovi nastanjuju na otoku, Milevski je starac, napušten i lud. O njemu postoje svakojake priče. Imao je buran život. Dvoboji, preljube, otmice. Navodno je iz rodne Litve pobegao u mrtvačkom sanduku. Međutim, istoriografija nije literatura. Predlaže mi da pregledam fotografije iz ostavštine. Upućuje me na monografiju o Hiterotovima. Kaže da je to tek prvi tom. Drugi i treći će pričekati.

„Zašto?", pitam.

„Zbog živih svedoka."

„Svedoka čega?"

„Pljačke. Još uvek po rovinjskim kućama ima vrednih stvari razgrabljenih iz dvorca Hiterotovih krajem Drugog svetskog rata."

„Bogatstvo je neuništivo, samo se premešta, kao prašina", izgovaram rečenicu urara Maleše.

„To arhivari najbolje znaju. Pre skoro deset godina otkriveno je obilje neevidentirane arhivske građe porodice Hiterot", nastavlja direktorka svoju priču. „Ne postoji celovita dokumentacija kako su u muzejska spremišta stizali određeni predmeti iz ostavštine Hiterotovih. Ko zna koliko toga leži nepopisano u drugim muzejima i ustanovama, a tek koliko u privatnim zbirkama. Baron Hiterot je bio japanski konzul u Trstu, obišao je čitav svet. Sa tih putovanja donosio je izuzetna umetnička dela."

Direktorka ustaje i sa police uzima knjigu folio formata. To je priča o Hiterotovima, sve što su ona i njen tim uspeli da otkriju i popišu. Poklanja mi primerak.

Uzimam u ruke tu tešku knjigu u luksuznom izdanju. Na koricama skenirana slika pečata Hiterotovih od crvenog voska – suptilna poruka čitaocu da ulazi u intimni svet jedne porodice. Nasumice listam. Stotine strana ostavštine. Beskrajne popisne liste. Računi. Mape. Fotografije stilskog nameštaja i egzotičnih predmeta iz Kine i Japana. Nizovi signatura pod kojima je zavedeno na hiljade pisama i eksponata umetničkih zbirki. Kataloški listići biblioteke Hiterotovih. Porodične fotografije.

„Mnogo je tu intimnog", kaže direktorka. „Do poslednjeg dana nismo bili sigurni je li u redu objavljivati ostavštinu Hiterotovih. Da li bi oni da su živi to želeli? Kako je tih dana vreme bilo ekstremno promenljivo, a Sv. Andriju iliti Crveni otok ne zaobilaze oluje, rekli smo: ako sutradan bude lepo vreme, onda su želeli, a ako bude ružno, nisu. Izgleda da se ni Hiterotovi do poslednjeg momenta nisu dogovorili. Ujutro je padala kiša kao iz kabla, bilo je tmurno. Samo dva sata kasnije počeo je da duva jak vetar, rasterao oblake, granulo je sunce koje je do večeri isušilo lokve vode."

„I tako ste ipak objavili dosije o Hiterotovima."

„Da. I to je tek jedan manji deo."

Na rastanku direktorka ponavlja da obavezno odem na Crveni otok. Zaintrigiralo ju je kako će Hiterotovi proći u mom romanu.

„Pitanje je da li će ih uopšte biti", kažem. „Još uvek samo nagađam, pipam u mraku. Književnici vide i ono čega u arhivama nema."

Odlazim sa teškim poklonom u rukama. Dok čekam autobus, razmišljam zašto toliko jurim tuđu svakodnevicu. A svakodnevica se menja kao zmijski svlak, odlažu se slojevi u dubine memorije. Iščezavaju. Smenjuju se navike i rituali. I samo u trenucima potpune odsutnosti, kada čula zakratko ostaju izolovana, pa oči slušaju a nepca vide, ukaže se zaboravljeni prizor, avet u noći, da bi odmah zatim iščeznuo. Trgnuti iz sna, buljimo u prazninu. Ništa ne možemo zadržati, čvrsto obuhvatiti, usidriti se u zatonu drage uspomene, i tu dočekati kraj.

Šta je čovek do skup navika i rutina koje održava; koje njega održavaju. One su skelet na koji se oslanja pri svakom pokretu, pri svakoj misli, svejedno da li bere grožđe u vinogradu, izvlači ribarsku mrežu na pučini, ili udara po tastaturi kompjutera. Zalud pokušavam da se setim izgleda makar jednog para cipela koje sam nosio u osnovnoj školi, da dozovem miris kožnih remena harmonike

settimo soprani tokom višesatnih proba u orkestru muzič-
ke škole u Puli, da izvršim smotru svih onih gradova na
turneji po Čehoslovačkoj u leto 1967. godine, da se prise-
tim gde sam u vreme studija prao veš, kada sam sa filtera
57 prešao na winston.

Pola sata kasnije sedim u autobusu za Pulu. Na kole-
nima držim tešku knjigu zelenih korica sa crvenim peča-
tom. Kroz prozor autobusa za trenutak vidim, u daljini,
tamne kedrove na Zlatnom rtu. U mislima krećem u šet-
nju uz more, nižu se uvale: Lone, Škaraba, Kuvi, Polari.
Turistička imperija Hiterotovih. Kada autobus izađe na
magistralni put, počinjem da listam knjigu. Polako ulazim
u svet porodice koja je pre stotinu godina pustoš u okolini
malog ribarskog grada pretvorila u rajski vrt.

I tako, prateći Hiterotove, lomim pečat sa vrata vla-
stitog arhiva.

14.

Na samom početku, fotografija porodice Hiterot: Georg, Mari, Hana i Barbara u dvorištu dvorca na Sv. Andriji davne 1906. godine. Osmesi stari preko stotinu godina.

U narednih četrdeset minuta, koliko traje vožnja autobusom od Rovinja do Pule, prolazim svakodnevicama porodice Hiterot. Naslovi pisama uredno ispisanih signatura i datuma – čiji sadržaji leže u tami arhiva u Pazinu – nižu se kao stihovi: Nedelja na otoku, Poslovi u Trstu, Nabavka radio-aparata, Dolazak Mari i Georga u Hong Kong, Hanina poseta okulisti, Musolinijev poziv za obrađivanje zemlje, Dobijanje jugoslovenske vize, Osnivanje letnje kolonije za decu, Izgradnja hotela u Rovinju, Igranje bridža, Razmišljanja o braku, Barbarin ispit iz prve pomoći, Planovi za prodaju poseda, Zahvala za tartufe, Sporost pošte, Opis provedenog dana...

Fotografije, beleške, računi, datumi i signature dnevničkih zapisa. Najobimniji deo knjige je katalog muzejske građe ostavštine. Pored slike češlja od slonovače,

suncobrana, svećnjaka, opijumske lule, flaute od bam-
busa ili samurajskog oklopa, stoji arhivski broj i osnovni
podaci. Sav taj materijal, u kojem beskrajne kolone bro-
jeva podsećaju na logaritamske tablice, tek je prvi tom
zamišljene monografije o porodici Hiterot.

„Zbog tragične sudbine dviju članica obitelji, Mari i
njezine kćeri Barbare, koje su nestale u razdoblju nepo-
sredno nakon Drugog svjetskog rata, često smo, ako ne i
uvijek, nailazili na zid šutnje, sumnjičave poglede. Upravo
zbog toga, odlučili smo se u prvoj fazi više posvetiti nji-
hovoj ostavštini nego njima samima, jer popisana ostav-
ština, uostalom, nije popis dolazaka i odlazaka, već trajni
dokument o ostajanju", stoji u predgovoru monografije.

Trajni dokument o ostajanju: svakodnevica kodirana
naizgled nevažnim podacima, pepelom sagorelih sati u
tako istim danima. Sve to je bio život, niska potrošenog
vremena zapečaćena dugim osmehom pred objektivom
foto-aparata. Rođenja i smrti, venčanja i razvodi, susreti
i raskidi, bogaćenja i bankroti samo su trenovi na zemalj-
skom putu, a beskraj svakodnevica u kojima su se odvijali
naizgled monotoni rituali ispunjavali su živote zadovolj-
stvima i setom. Talozi nememorisanih dana uvećavali su
prošlost. A onda, odjednom, ničim izazvan, tek nepred-
vidivim strujanjem svesti, iskrsnuo bi kakav prizor, lik, ili
glas, za trenutak zanjihao redosled uhodanih dešavanja,
stavio pod sumnju smisao pređenog puta.

Dok lutam arhivom Hiterotovih, javljaju mi se slike
jedne od poslednjih poseta majci, kada je, približavajući
se izlaznim vratima doma, suprotno običaju da zastane
u hodniku i produži neminovni čas rastanka, odjednom
ubrzala korak, kao da želi da što pre ostane sama. Tako u

hodu, pogledala me i rekla: „Znaš, možda je trebalo da se udam za Veska Krmpotića."

Monografija o Hiterotovima na mom krilu dozvala je maminu svesku nestalu u pljački vagona u Vinkovcima jedne novembarske noći 1958. godine. Suočen sa obiljem datuma i signatura, naslovima stotina i stotina pisama u kojima je evidentiran materijal zaborava jedne porodice, poželeo sam vlastiti *trajni dokument o ostajanju*, pisan rukom moje majke, da među zapisima o hotelima i pansionima pronađem i tajanstvenu odrednicu „Vesko Krmpotić" – ime koje je mama samo jednom pomenula, da zastanem u holu *Terapije* u Crikvenici gde se govorilo češki, da predahnem na mermernoj klupi iz vremena Italije na pulskoj rivi, da u basni o pčeli i mravu prepoznam konture *Prenoćišta Raša*, da makar u šiframa posedujem trenutke zanosa moje majke, svejedno da li je u pitanju misteriozni advokat Đorđević, ili profesor Lolić – čiji je sin imao običaj da jede u krevetu, da obiđem predele jednog davnog vremena budućeg, tamo gde sam se u nekom času i ja pojavio. Jer, uvidom u tu maminu svesku lakše bih razumeo vlastite postupke, teskobe i strahove, sav onaj talog nasleđa i stranputice genetike.

Nastavljam šetnju izvan porodičnog kruga Hiterotovih. Rat tek što se završio i Crveni otok – još uvek Sv. Andrija – više nije u Italiji, već u komunističkoj Jugoslaviji. Uspostavlja se narodna vlast. U izvodu iz jednog dopisa nalazim rešenje oblasnog Narodnooslobodilačkog odbora za Istru, kojim se kontesa Hiterot Barbara, po zanimanju posednica, nastanjena u Rovinju, nemačke narodnosti, obaveštava da joj se oduzima sva nepokretna i pokretna imovina. Protiv tog rešenja stranka ima pravo žalbe Ministarstvu unutrašnjih poslova Federalne Države Hrvatske u roku od osam dana po primitku odluke. Rešenje je doneto 1. juna 1945. godine, a oštećenoj, Barbari Hiterot, i njenoj majci, Mari Hiterot, kako mi je ispričala direktorka muzeja, presuđeno je dan ranije, po kratkom postupku, bez suđenja, metkom u potiljak. Tela su bačena u more kod hridi Banjole. Njihov jedini greh bilo je bogatstvo, koje prelazi u ruke narodne vlasti.

. Vidim ih u praskozorje na palubi patrolnog broda, vezane, dok poslednji put pogledima premeravaju svoje carstvo, tamne kedrove šume na Punta Korente, i obalu otočića Maškin, koja se brzo udaljava. Po svedočenju nekih Rovinjeza, čitavu noć uoči egzekucije čuli su se krici sa Crvenog otoka. Možda su Hiterotove već polumrtve krenule, sutradan, na poslednje putovanje.

Unedogled se odvija prepiska između raznih odbora i komiteta, kancelarija i načelništava, vojnih uprava i OZNE. Uspostavljena je vlast naroda. Diše epoha u novim ritualima, frazama i parolama. Gradi se još jedna privremenost, unutar koje će teći zemaljsko vreme miliona podanika. Većina će poverovati u nepomerljivost postavljenih kulisa.

Drugovi iz OZNE za Labin posebno su aktivni u ponarodnjavanju imovine kontese Hiterot. Iz sačuvane dokumentacije vidi se kako sa Crvenog otoka polako nestaju motori za barke, tepisi, umetničke slike, srebrnina, porcelan. Nižu se potvrde o preuzimanju šest reketa za tenis, sedam loptica i dve mreže, zatim šivaće mašine marke neuman, motorne lađe, 20 mornarskih zastava, dva globusa, jednog bicikla, pisaće mašine undervud, gitare, džepnog sata, šaha od slonovače, dva pršuta, četiri kilograma slanine, pet kilograma suvoga mesa. Na jednom spisku javlja se i „kineska uspomena, 60 pari čarapa, dve krave, jedno tele, mnogo vrsti knjiga i svake druge neupotrebljive robe".

Mario Licul, jedan u nizu poverenika imanja Hiterotovih, obaveštava da „na otoku naši stražari morali se stalno brigati za one tri stoke (dve krave i jedno tele). Dok su pre njih bili građanski stražari, krepala je jedna koka, a jedan pilić se ugušio u vodi." Na kraju poverenik Licul piše: „Molin da mi odgovorite na ovo pitanje ča vas pitan, jer osta san bez drugarice, a ja bez drugarice nemogu da ovde budem, jer neznan se hoću vršit službu ili pripravin sebi ča za jest, za sada bi mi tribala samo jedna drugarica."

Oblasna uprava narodnih dobara stalno upozorava Narodnooslobodilački odbor za Istru da se vrate otuđeni predmeti preuzeti od strane neodgovornih drugova iz konfiskovane imovine grofice Hiterot. Jer, imanje je proglašeno umetničkim, i zato se ništa ne sme otuđivati.

Štab 43. Istarske divizije upućuje dopis Oblasnoj upravi narodnih dobara za Istru da nakon svestrane istrage nije bilo moguće ustanoviti gde se nalaze traženi predmeti, pa predlažu da se isti otpišu iz inventara.

A onda na scenu stupaju ozbiljni stručnjaci, profesor Branko Fučić i Aleksandar Tuhtan iz Zagreba. Oni će popisati sve nepokretnosti na Crvenom otoku, kao i pokretnu imovinu grofice Barbare Hiterot.

„Dvorac barunice Hiterot leži na otoku Sv. Andrija kod Rovinja. Čitav posjed obuhvata otprilike sedam-osam otočića i rt na suprotnom, najbližem dijelu kopna gdje je vlasnica imala garažu sa dva automobila", počinju svoj izveštaj Fučić i Tuhtan.

U iscrpnom dopisu, na dvadesetak strana, popisivači navode sledeće: „Očigledno je svatko, tko je prije našeg dolaska bio u dvorcu, raskopao, prekopao i prevrtao svaku sobu, svaki orman, svaku ladicu do temelja. Razumijemo da OZNA povodom hapšenja vlasnice pretraži njenu kuću, ali da li je nužno da se sadržaji ladica užurbano izvlače, bacaju po podu čitave hrpe rublja, suđa, privatne korespondencije, knjiga, fotografija. U nekoliko soba u pravom smislu riječi noga nije mogla stupiti na pod. Ostaci jela, vinske boce, razbijene čaše, prazne kutijice od nakita, zagađeni podovi, jednom rečju opustošeni i uneređeni dvorac. Baš kod OZNE su pronađeni dijelovi jednog od najskupocjenijih servisa iz dvorca. I ćilimi, kojima su prostorije OZNE krcate. Jedan mali persijski ćilim već je u trošnom stanju, jer je prostrt na hodniku uz ulazna vrata, i služi kao otirač."

U izveštaju se dalje konstatuje da je OZNA uzela srebrni pribor za jelo (291 žlica, 182 vilice, 90 nožića), Gradski NOO opskrbio se pisaćim i šivaćim strojem, te električnim kuhalom, dok je Štab 43. Istarske divizije, koji se nalazi u Pazinu, daleko od mora, otuđio iz dvorca sav pribor za ribolov, gramofon sa dvadeset ploča i jedan džepni sat.

Popisujući biblioteku u dvorcu Hiterotovih, Fučić i Tuhtan primećuju da „prema svemu što se vidi, to je vrlo raznovrsna knjižnica, sastavljena od najljepših djela svih grana književnosti. Zanimljivo je da je karakter te knjižnice *antifašistički*. Ne samo da su zastupljeni Cvajg i Man, i njemačka antifašistička literatura, nego se nalaze i djela koja su objavljena tokom samog rata u savezničkim zemljama".

Zatim sledi izveštaj još jednog poverenika za otok Sv. Andrija, Milana Šestana, upućen Upravi narodnih dobara za Istru: „Tu vam javim da san bio tražit svu onu robu što se nalazi kod OZNE u Rovinju, jer san čuja da su oni puni naše robe, i nato mi odgovore da nemaju niš od našeg, a siguran sam da imaju našu barku i motor, i novi automobil lancia, crno-zelene boje koji se nalazi kod OZNE za Labin. Ja sve ča sam naša od vrijednosti san stavio u jednu sobu pod sigil, o čemu sam obavijestio i druga Veska Krmpotića iz OZNE u Opatiji. Smrt fašizmu – sloboda narodu.“

Autobus je već ulazio u Pulu. I dalje sam kao hipnotisan držao na kolenima knjigu u kojoj nije bilo traga o Lizeti Bizjak, devojačkog prezimena Benedeti. Ali, izronio je Vesko Krmpotić. Da li se pukom koincidencijom može objasniti pojava tog imena i prezimena, čak dva puta u razmaku od pola sata, imena koje nije ni često, ni uobičajeno? Jer, ne radi se o nekom Nikoli Markoviću, niti Marku Nikoliću. I zašto sam se, listajući knjigu o Hiterotovima, baš tada odjednom setio mamine usputne opaske da je možda trebalo da se uda za Veska Krmpotića, kojeg nikada pre nije spomenula, da bi samo desetak minuta kasnije to ime i prezime izronilo u tekstu monografije? Jeste knjiga o Hiterotovima dozvala svesku ukradenu u Vinkovcima, ali ime Veska Krmpotića u fragmentu izveštaja polupismene osobe ne može biti slučajno.

Uvek sam se zanimao baš onim što je sporedno, nevažno, beznačajno. Kao dete, satima sam čitao imena iz telefonskog imenika, uputstva za upotrebe i garantne listove električnih aparata, te svakojake prospekte koji bi mi došli do ruku. Knjižica o razvoju komunalne mreže grada Pule – nađena na hrpi odbačenih knjiga pored kanti za đubre – bila mi je omiljena lektira.

I danas, kao najvredniji artefakt svoje kolekcije imam notes sa zaglavljem hotela *Garibaldi* u Veneciji, koji sam po navici poneo. Nekoliko nedelja kasnije otkrio sam, među praznim listovima, dve gusto, sitnim rukopisom, ispisane strane natuknica na nemačkom. Bio je to koncept teksta na temu Alchajmerove bolesti, koji je pribeležio neki od prethodnih gostiju hotela. Autor je možda bio učesnik simpozijuma neurologa u Veneciji? Ili je samo napravio skicu za predavanje? Ili se radilo o studentu koji se u dokolici preslišavao? Ipak, kako su beleške ispisane u sredini notesa, između praznih listova, verovatno da je autor iznenada dobio ideju, zgrabio notes, na brzinu zabeležio, a kasnije zaboravio da istrgne listove.

Slutim da te besmislene činjenice, naizgled bez ikakve veze sa našim životima, najavljuju događaje i susrete koji nam predstoje. Na kosmičkoj partituri nema suvišnih nota, upisan je svaki ton, svaka pauza, ništa nije prepušteno pukoj improvizaciji. Zar su mi slučajno, posle četrdeset godina, vraćene logaritamske tablice, na koje sam bio potpuno zaboravio?

Mnogo dublje od naredbi i zapovesti, u svest se upisuju pritajeni gestovi, šapat, skrajnuti pogledi. Prećutano odjekuje neuporedivo jače od izgovorenog. Potraga za Lizetom samo je posledica zamena teza, nespremnosti da izađem na kraj sa mehanizmom odlaganja, tom konstantom moga života, da se suočim sa strahom od ispunjenja, strahom od uspeha, strahom od konačnog trijumfa. I kao što peškirom odmah uklanjam tragove ljubavnog čina sa posteljine, tako napadima sumanute revnosti prikrivam lenjost. Raditi ono što isključuje rizik. Po ko zna koji put iščitati uputstvo za upotrebu miksera ili aparata za kafu. Ići u potragu za Lizetom, umesto za samim sobom? Nije važno da li je Lizeta živela na Crvenom otoku; međutim, valjalo bi saznati nešto o razlozima zbog kojih sam sebe proterao sa plaže. Zašto se zavlačim u niše dosadnih knjiga? Zašto sanjam o mirnim gradovima Panonije kao sigurnim utočištima, tamo gde je događaj zujanje bumbara u lozi na tremu? Zašto obziri prema stanarima malih svetova? Čemu uzdržanost, sapeti korak, zaustavljeni dah?

Biti manji od sebe – prava mera mogla bi da povredi okolinu.

To govori dvojnik sa sprata u *Vili Mariji*, onaj koji bi da sve predvidi, da unapred spreči neprijatnosti, da upokoji pobunjenika u vešernici, na prestolu između kazana i lavaboa. Jedina sigurna zaštita od života je skloniti se u nišu autizma. Urediti život tako da ga ukineš. Na kraju je rezultat: odsustvo života, a sve u ime života.

I zato, osloboditi konačno rebela iz podruma. Duboko udahnuti, suočiti se sa propuštenim. Kukavičluk je najgori greh.

Izaći iz herbarijuma u kojem više od pola veka čiodama kačim život.

15.

Kasno popodne odlazim na Narodni trg kod pijace, koji je Lizeta zvala Pjaca Verdi. U urarskoj radnji, iza pulta, sedi čovek četrdesetih godina. Posmatram ga kroz izlog. I sa te daljine na njegovom licu prepoznajem crte urara Maleše. Sumnje nema, to je njegov sin. Kada uđem, odmah ustaje.

Za razliku od direktorke u Rovinju, kojoj je bilo potrebno neko vreme da razume razlog moje posete, jer sam u nameri da budem jasan maksimalno iskomplikovao situaciju, sinu Josipa Maleše u nekoliko rečenica iznosim motive svog dolaska. Kaže mi da je već navikao na novinare. Njegov otac je mitska figura Pule. Nedavno je TV ekipa iz Slovenije snimila prilog o Titovom uraru, kako su ga u filmu predstavili. Kada pomenem imena svojih roditelja, Maleša junior se osmehne i kaže da su mu poznata iz očevih priča.

„Mome ocu je blizu devedeset, ali bistre je glave, još uvek svira usnu harmoniku, vozi auto. Odustao je samo od lova. Živi sam u svojoj kući na Monvidalu. Sećanje ga održava. Jedva čeka da nađe novog sagovornika. Čim mu se da zadatak da se nečega priseti, odmah živne. Čudo jedno šta sve on pamti. Najaviću vas kao posebno iznenađenje. Siguran sam da će vas prepoznati."

„Poslednji put smo se videli pre više od trideset godina", kažem. „Gde stanuje?"

„Na vrhu Škalete, to vam je onaj uspon kod bivšeg bioskopa *Istra*."

„Ja sam odseo u hotelu *Skaleta*."

„Vi ste onda komšije. Sad ću ga pozvati, da odmah ugovorimo susret. Reći ću mu samo da ga traži neko iz daleke prošlosti. Poželeće da vas vidi još večeras."

Tako je i bilo.

Uveče izlazim iz hotela *Skaleta* i upućujem se, stepenicama, na vrh uspona. Urar Maleša dočekuje me na ulazu. Video me je sa terase kako dolazim. Odmah me je prepoznao. Kaže da imam očev korak. Pita me da li je živ. A mama? Oćuti nekoliko trenutaka moje odgovore. Uvodi me u prostranu dnevnu sobu. Na bočnom zidu, jedna ispod druge, izložene četiri lovačke puške. Pominjem Disa. Čudi se da pamtim njegovog omiljenog psa. Trenutak je da rešim enigmu.

„Kako je Dis stigao čak iz Engleske?"

„Vodio je poreklo iz legla engleske kraljice. Ja sam ga kao štene dobio sa Briona. Znaš da sam tamo redovno odlazio da servisiram satove."

Nudi mi teran iz Vižinade. Nazdravljamo. Kažem mu da sam tog jutra bio u Rovinju. Da li se seća kuće koju su moji hteli da kupe?

„Kako se ne bih sećao. Preko puta hotela *Jadran*. Kakva je to prilika bila, nije se smela propustiti. Danas bi ta kuća vredela čitavo bogatstvo."

„Bogatstvo je neuništivo, kao prašina, samo se premešta", kažem i gledam ispod oka njegovu reakciju, da li će prepoznati rečenicu koju je pre pola veka tako često izgovarao na večernjim sedeljkama u *Vili Mariji*.

Ćuti neko vreme, duboko zamišljen.

„Da, da, u pravu si, baš tako, kao prašina", kaže, i odmah prelazi na drugu temu. „Kakva je rupa bio hotel *Jadran* početkom šezdesetih godina, ne možeš ni da zamisliš. Gori je bio samo hotel u Raši. Tamo nikada nisam bio, ali jednom sam prenoćio sa nekom ženskom u *Jadranu*. Pamtim da nisu davali doručak. Čitav Rovinj je bio kao taj hotel, oronuo i napušten. Danas, čujem, *Jadran* opet postao *Adriatik*, vratili mu sjaj iz vremena Austrije."

I dok slušam kako Maleša sa vidnim zadovoljstvom otkriva i niže filigranske detalje svakodnevice od pre pola veka, ne mogu da se otmem čudnom utisku da je svoju uzrečicu – kako je bogatstvo kao prašina neuništivo – zaboravio. Kako je moguće da je ta rečenica, po kojoj ga pamtim, koju je toliko puta izgovorio, nestala iz njegovog fundusa? Da li se i navike troše, pa nestanu kao da ih nikada nije bilo, i zamene ih neke druge? Nove uzrečice, pokreti. Ne može se baš sve dozvati, rekonstruisati, čak i kada jasno prizovemo određeni trenutak iz prošlosti.

Čim se prenem iz misli, čujem Malešov glas. Seća se kako je jednog leta, negde u avgustu, u njegovu urarsku radnju došla drugarica Pepca Kardelj sa ćerkom. Donela Kardeljev sat da mu se zameni kaiš. U to vreme urari su imali slab izbor kaiševa, a drugarica Pepca hoće kaiš isključivo od zmijske kože. Drug Edvard za to vreme šeta po trgu, u diskretnoj pratnji dva bezbednjaka u tamnim sakoima. Odlazi do ugla Lenjinove ulice, da osmotri novu pulsku samouslugu, jednu od prvih u Jugoslaviji.

„Obećao sam drugarici Pepci da ću za sedam dana nabaviti kaiš od zmijske kože za druga Edvarda. Pitala me zbog čega su kaiševi od zmijske kože najtrajniji. Rekao sam joj da to ima veze sa prirodnom toplinom našeg tela, koja je mnogo viša od zmijske. Temperatura tela zmije zavisi o temperaturi okoliša. Kaiš od zmijske kože i ljudska ruka su u idealnom kontrastu."

„Leti su mi sa Briona stalno dolazili visoki rukovodioci", nastavlja dalje urar Maleša. „Uvek ista priča, voda u mehanizmu. Gedže se kupale sa satovima koji nisu vodonepropusni. Ranković bi poslao ađutanta. Ni on nije imao sat za pod vodu, to je tada bila retkost. Samo su Titovi satovi bili vrhunski: filip patek, certina grana, šafhauzen. Najskuplji sat koji sam imao u rukama je njegov marvin, bio je to vanserijski model. Dobio ga je na poklon od finskog predsednika Urha Kekonena. Na tom satu bio je dupli poklopac. Onaj unutrašnji se razdvajao; međutim, to je mogao da uoči samo iskusni profesionalac. Na poleđini ugledam šifru, kombinaciju tri slova i četiri cifre, ručno ugravirana, očito naknadno. Nije fabrički."

Malešin pogled sija. Očekuje moju reakciju. Pitam ga: Šta bi to moglo da znači? Da li je zapisao šifru?

„Jesam, zapisao sam je. Imam je negde. Ali zašto ti to govorim? Pa sve one afere o navodnom prisluškivanju Tita, sve su to budalaštine. Njega prisluškivati? Tog lisca koji ugravira šifru u satu da je jedva ja otkrijem? Nekoliko godina nakon njegove smrti svakojake su se gluposti pisale. Da je čak suvlasnik bečkog hotela *Imperial*. Ali, kao svuda nedostaje šifra. Hteo sam da odem u Beograd, i potražim nekoga odgovornog za ostavštinu. Da im ukažem na tajni poklopac marvina. Posle počeo rat, i tako sam odustao", kaže Maleša.

Prisećam se političkih paktova moje majke i Maleše od pre pola veka, uz karte, nakon lovačkih večera, kako su se u debatama vođenim u pola glasa suprotstavljali mome ocu, mornaričkom oficiru, koji je po dužnosti zastupao zvaničnu politiku. On je navodno bio titoista, a oni nekakva reakcija. Kako su sve to bile relativne kategorije, kako tek neizbežni hod vremena stvari postavi na pravo mesto! U konstelaciji svih onih tragedija koje su za poslednjih četvrt veka snašle podanike bivše Jugoslavije, vlasnik marvina i nesuđeni suvlasnik bečkog *Imperiala* jeste istorijska figura koja je jedina posedovala tajanstvenu šifru suživota na trusnim balkanskim terenima. Nasledili su ga drumski razbojnici, secikese i prevaranti malog formata, najamnici u službi velikih igrača, izvršioci još jedne promene katastra.

„Seiko je napravio pravu revoluciju jevtinim vodonepropusnim satovima, zatim su došli kasio, fosil, svoč, festina, ali sve su to igračke u poređenju sa *švajcarcima*", kaže, i zastaje za trenutak, kao da se i sam pita gde je to zalutao.

Da li je to način da se zadrži kondicija i bistra glava u starosti? Pretvoriti se u memorijsku mašinu, baviti se samo detaljima, utonuti u balaste efemernog, i tako, u tome beskraju gluposti sačuvati se od svakodnevnih stresova, od dubokih emocija koje satiru dušu. Jer, kada Kardeljev kaiš od zmijske kože preživi, u sećanju, više od pola veka, i ne samo kaiš, već i dva bezbednjaka koji se u tamnim sakoima kuvaju na trgu pod avgustovskim suncem, onda je bezbrižnost trajno stanje, i ništa više ne može poremetiti tu blaženu poziciju.

Urar otvara džepove vremena kao satove. Na moje pitanje kako uspeva da sačuva tako dobru formu, kaže mi da je tajna u spavanju.

„Osam do deset časova sna, u tome je tajna. Kada sam bio mlađi i nedeljom odlazio u lov, trebalo je ustati u tri ujutro; međutim, meni nikada nije bio problem da uveče rano zaspim. Ne znam šta je nesanica, mada u poslednje vreme sanjam čudne snove", i tu zastaje za trenutak, kao da se premišlja da li da nastavi priču. „Često sanjam san u kojem me nepoznati muškarac i žena ubeđuju da su mi roditelji. Kako je to strašno. Uzalud ja njima dokazujem da oni nisu moji roditelji, potežem argumente, postavljam im nezgodna pitanja. Začudo, sve oni znaju, u detalje mi opisuju našu kuću u Šapcu. Čuj našu! Čak i mesto gde smo krili dukate za vreme rata. Budim se u goloj vodi. Baš grozan san."

Zagleda se negde kroz mene, pa nastavlja. Kaže da ga opsedaju sumanute ideje. Recimo, zar nije glupo da ovaj svet napuštamo u trenutku kada mnogo toga shvatimo. Potvrđujem mu klimanjem glave.

„Ponekad pomislim da nas zapravo tamo negde gore, u svemiru, uzgajaju. Zemlja je jedna velika farma sa najrazličitijim uzorcima ljudskih bića. Oni nas uzimaju po potrebi. Ne mislim da nas jedu, ali da im za nešto služimo, u to sve više verujem."

Odmahuje rukom i kaže da je očito izlapeo pa samo gluposti priča. Pita me da li pišem. Čuo je da sam napisao neke romane o Puli, da u jednom i njega pominjem. Obećavam da ću mu poslati.

„U Rovinju sam bio zbog Hiterotovih", kažem. „Namera mi je da pišem roman o toj porodici. Koliko se sećam, naša komšinica iz Gupčeve ulice, Lizeta, poznavala je baronicu Hiterot i njenu mlađu ćerku Barbaru, sa kojom se družila još u Trstu. Mislim da je Lizeta neko vreme i živela na Crvenom otoku."

Maleša kao da je malo zbunjen mojim pitanjem, ili mu je potrebno nekoliko trenutaka da promeni kolosek, da skrene u novu priču, koja se nameće mimo njegovog uobičajenog redosleda.

„Lizeta? Ta je bila format. Ne baš kao Tito, ali maher da se iz svake situacije izvuče. Kada sam ja došao u Pulu, u jesen 1947. godine, odmah nakon odlaska Engleza i Amerikanaca, Lizeta je važila za najsposobnijeg crnoberzijanca: nabavljala je sve, od svilenih čarapa do penicilina. Iako već u godinama, bila je lepotica, jedna od onih žena koje ne stare, koje su kao *švajcarci* neuništive. Grkinje se baš ne odlikuju lepotom, ali kada su lepe, onda su prave boginje.“

„Ja se nje sećam kao brižne gospođe sa prozora, deca iz kraja su je obožavala. Baš ne mogu da je povežem sa tim pričama, kako se navodno kurvala sa nemačkim i italijanskim oficirima u *Vili Mariji.*“

„Kasnije i sa engleskim oficirima, i sa našim drugovima, tako se barem pričalo“, kaže Maleša. „Prodao sam na crno nekoliko njenih skupih satova.“

„Od čega je živela? Da li je imala penziju? Koliko znam, odmah posle rata predavala je solfeđo u muzičkoj školi.“

„Penziju je nasledila od muža.“

„Od muža? Zar je ona bila udata?“

Sledila je za mene iznenađujuća priča. Negde početkom tridesetih godina Lizeta je otišla od Hiterotovih i nastanila se u Puli. Uspela je navodno da dođe do nekog nasledstva. Živela je u četvorospratnoj zgradi na uglu, preko puta Mornaričkog parka i zida Arsenala, tamo gde je tramvajska pruga skretala za San Polikarpo.

Po toj priči, zaljubila se u jednog muzičara, lokalnog zavodnika, nekoliko godina mlađeg od nje. Čim su se venčali, on je nastavio sa flertovima. Čitava Pula prepričavala je detalje njegove avanture sa mladom tramvajdžijkom. Ta ženska imala je običaj da, vozeći poslednju turu, dune u pištaljku kada bi prolazila pored Lizetinih prozora. Bio je to dogovoreni znak. On je odmah hitao iz kuće na sastanak sa tramvajdžijkom. Negde pred rat nestao je iz grada. Ništa se nije znalo o njemu, sve dok sredinom pedesetih godina Lizeta nije primila službenu obavest da je nasledila muževljevu penziju. On je umro u Splitu. Lizeta se preselila u Gupčevu ulicu.

„U Pulu su tih godina počeli da se doseljavaju iz čitave Jugoslavije. Grad je živnuo od pridošlica. Mnogo toga se odjednom promenilo. Bilo je sve manje svedoka o tamo nekim prošlim vremenima", završio je priču Maleša.

Opet pominjem Hiterotove, monografiju o njima. Sagradili su hotel *Jadran*, uredili obalu, čitav Rovinj je živnuo, a da tako završe, metkom u potiljak.

Maleša me gleda nekoliko trenutaka, kao da se nešto premišlja.

„Eh, da je tako, bila bi to laka smrt", kaže. „Znam kako su završile Hiterotove. Mučili su ih satima, iživljavali se nad njima, na kraju su ih masakrirali toljagama. Sutradan su tela utovarili u motorni čamac, odvezli na pučinu, i bacili kod školja Banjole, tamo gde je more najdublje. Bila je to ekipa egzekutora OZNE. Predvodio ih je izvesni Pulčinović. Sa njim su još bili Baba, Spalato i Rovinjac Benusi, koga su zvali Cvikeraš. Pitaš se odakle sve to znam? Od Lizete. Koliko puta je prepoznala dragocenosti Hiterotovih koje su joj dolazile na preprodaju. Rovinj je bio u Zoni B, pod partizanskom vlašću. Njene mušterije su uglavnom bili engleski oficiri iz *Vile Marije*. Kada je ukinuta anglo-američka uprava, i Pula ušla u sastav Jugoslavije, Lizetu su nekoliko puta hapsili; međutim, uvek je uspevala da se izvuče. Imala je moćnog zaštitnika, nekog Krmpotića, šefa OZNE u Opatiji.

„Krmpotić!"

Maleša me sa čuđenjem pogledao.

„Čuo si za njega?"

Kažem mu da sam to ime našao u knjizi o Hiterotovima. Maleša odmah niže detalje, kao da čita dosije tog moćnika kome su žene bile slabost. Međutim, nešto je debelo zgrešio, preko noći je smenjen. To je vreme Informbiroa i masovnog denunciranja. Drug Vesko Krmpotić završio je na Golom otoku. Posle dve godine vratio se kao senka, izmučen i bolestan. Živeo je neko vreme u Puli, povučeno, da bi se zatim preselio u Labin.

„Kada je tvoja majka odustala od kupovine kuće u Rovinju, predložim joj Rabac. Krenemo jedne nedelje ona, Lizeta i ja u Rabac. Tada je to bilo malo ribarsko mesto sa divnom plažom i samo jednim hotelom još iz vremena Italije. Za divno čudo, odmah nađemo na samoj rivi kuću na prodaju. Cena više nego povoljna. Odemo u hotel da ručamo i zalijemo tu buduću kupovinu, kad tamo – Krmpotić. Veliki meštar postao direktor hotela. Od njega saznamo da je predviđeno da Rabac kroz koju godinu postane elitna turistička destinacija, i da će kuće na rivi vredeti čitavo bogatstvo."

„Zašto se onda odustalo od te kupovine? Kako je moguće da umesto Rovinja i Rapca na kraju izbor padne na onu selendru od Pomera?"

„Pojma nemam. Biće da je blizina presudila. Jer, Pomer je blizu Pule. Tvojoj majci je Rabac bio predaleko", rekao je Maleša, i uputio mi duboko odsutan pogled, kao da više i ne zna o čemu razgovaramo.

„Možda je zaista blizina presudila", konstatovao sam šeretski, i pogledao u oči svog sagovornika.

Nije reagovao na moju aluziju, već je nemo čekao sledeće pitanje.

„Šta je bilo sa Krmpotićem?"

„Ušao u mutne poslove, neko vreme ga pratile afere, ali na kraju postao veliki hotelijer. Starost dočekao u Opatiji. Umro je negde pred rat."

Priča se dalje širi. Saznajem da je Krmpotićev sin jedinac poznati okulista u Rijeci, podatak meni značajan koliko i tamni sakoi onih bezbednjaka koji su čuvali Kardelja.

„Sa takvom genetikom nije ni čudno da mu je sin postao vrhunski specijalista za vid", kaže Maleša.

Želim što pre da ostanem sam sa sobom, da se suočim sa prizorom tog neočekivanog susreta moje majke i Krmpotića u hotelu u Rapcu? Da li je onim njenim ukočenim osmehom, kojim je prikrivala svako neprijatno iznenađenje – osmehom jezivim kao dubok ožiljak, osmehom koji je neizbrisiva trauma mog detinjstva – i tada uspela da zavara svaki trag? I šta je to *sve* u rebusu koji samo naslućujem? Jedno ime u knjizi koja se slučajno našla u mojim rukama? Međutim, činjenica da je to ime mama preda mnom samo jednom izgovorila, daje mu mitsku važnost.

Poslednjih godina u domu najviše se bavila ispitivanjem varijanti po kojima je trebalo proživeti život. Koliko puta sam čuo priču o advokatu Đorđeviću, koji se nekoliko godina nakon rata iselio u Ameriku. Sa njim je trebalo da otputuje. Nema sumnje, to je bila njena najbolja životna opcija. A činjenica da bi u tom slučaju ukinula mogućnost dolaska na svet mene i moje sestre, nije ju nimalo doticala. Duboko utonula u zamišljene živote, često se do kraja posete ne bi vratila u realnost, već je u detalje prepričavala svoje svakodnevice na dalekim meridijanima. Pozdravljao sam se i odlazio iz doma pod nekim drugim imenima. Jednom sam bio i njen davno umrli polubrat.

„I da tako završi, bez traga", prenuo me Malešin glas iz razmišljanja.

„Ko? Okulista?", pitam zbunjeno.

„Ma kakav okulista! Lizeta, o njoj ti govorim!"

Saznajem da se početkom osamdesetih godina preselila u starački dom u *Vili Idola* na Valsalinama. Konstatovan joj je Alchajmer. Dve godine kasnije je nestala.

„Jedan od onih nikada razjašnjenih slučajeva", kaže Maleša.

Na moje pitanje da li je mama znala kako je Lizeta završila, kaže da su je tog leta, nekoliko dana uoči nestanka, posetili u domu. Nije ih prepoznala.

„Sećam se dobro, vi ste već bili otputovali iz Pomera. Telefonirao sam u Beograd tvojoj majci i obavestio je šta se dogodilo."

Ponoć beše uveliko prošla kada sam se rastao sa Malešom. Čim sam izašao na hladan decembarski vazduh, osetio sam dejstvo terana iz Vižinade. Krećem u šetnju Monvidalom. Nebo je vedro. Nigde jednog osvetljenog prozora. Samo pun mesec blista u mrzloj noći.

Mislim na Lizetu. Kako je moguće da mama nikada nije pomenula njen nestanak? Niti da ju je posetila, sa Malešom, u *Vili Idola*? Da li je razlog bilo sujeverje da

bi se i njoj sve to moglo dogoditi? Ili je, tonući u demen-
tnost, izbrisan baš taj podatak, i više nikada nije isplivao
u njenoj svesti?

Koliko se samo užasavala staračkih domova. Dok smo
sestra i ja bili mali, ne pamtim da smo ikada otišli na plažu
Valsalina. Jer, trebalo je proći pored *Vile Idola*.

I tako sam odustao od planiranog odlaska na pulsko
groblje. Lizeta je bez groba, kao i njeni roditelji. Svi putevi
su otvoreni.

Svet je tako prostran. Krećem se kroz taj grad sa maj-
kom koja je sve prisutnija u meni – navikama, mislima,
strahovima, žudnjama, demencijom. I otac je tu negde,
uvek malo odmaknut. Njegova moć je bila u odsutnosti.
Vreme je da se sve te zabune već jednom razreše, nema
potrebe za strahom. Niko nije kriv. Pogledaj samo kakav
je mir nad svetom, čujem u sebi stih Majakovskog.

Da li je institucija internata, to ledeno nigde sa privre-
menim koordinatama nekakvog doma, to nigde poput
hotela i pansiona, obeležila život moje majke? To nigde
u kojem se odvijala priprema za život koji čeka napo-
lju, kao skupa haljina u izlogu butika. I zato opsesija
hotelima, međuprostorom u kome su se budile iluzije o
nekom boljem životu koji je svakako zaslužila uzornim
ponašanjem u internatu. Kasnije, kao samica po iznaj-
mljenim sobama, hotelima i pansionima, priziva sliku
porodičnog doma, onako kako ga je ona zamišljala, sa
jasno utvrđenim obavezama i ritualima, gde nije bilo
mesta prevarama i lažima, gde se odvijao jedan bezbrižan
život. Sve je baš onako kako spolja izgleda. Idila kućice za
lutke. Bila je zarobljenik malograđanskog ideala da se jed-
nom zasvagda može ostvariti savršen stepen organizacije

života u kojem je sve na svom mestu, i da će, onda, tako
sređen život nastaviti da traje bez lomova, bez problema,
bez poremećaja.

Da li sam postao pisac zahvaljujući nestanku mami-
ne sveske u Vinkovcima? Mama nikad nije prežalila taj
gubitak. A ja sam samo želeo da nastavim porodičnu hro-
nologiju boravaka u hotelima. Impresionirala me važnost
vođenja evidencije o noćenjima izvan vlastitog doma.
Moje prvo spisateljsko delo je kratka beleška sa imenima
hotela u kojima sam prespavao, beleška ispisana u notesu
žutih korica, jedne noći u Ljubljani. Niz je sasvim kratak:
Palas na Ohridu, *Lipa* u Puli, *Slon* u Ljubljani. Brzo sam
odustao od evidentiranja. Počeo sam da skupljam pros-
pekte i brošure hotela u kojima sam odsedao.

Dvanaest godina kasnije, prvog dana proleća 1974.
godine, nakon saobraćajne nesreće na periferiji Vinkova-
ca, koju sam preživeo sa nekoliko modrica i ogrebotina,
nalazim se u hotelu *Admiral* u centru grada. Sa recepcije
zovem majku. U nekoliko rečenica prepričavam joj šta
mi se dogodilo.

„Zar opet Vinkovci", njen je komentar, glasom premr-
lim od straha.

Uveravam je da sam dobro, da ne brine. Prenoćiću
u hotelu. Da bih je oraspoložio, kažem na kraju da ću
sutradan potražiti onu njenu svesku.

Pod utiskom Malešinih priča svakojake mi misli padaju
na pamet dok šetam Monvidalom. Recimo, ozvučiti snove
onih koji u tom času leže na nekoliko metara od mene,
iza debelih zidova, u toplim brlozima. I možda, kao urar

Maleša, vode žučne razgovore s nepoznatim osobama koje ih ubeđuju da su im roditelji. Ili, vode ljubav, u snovima, i na javi. Dišu. Neki se više neće probuditi.

Neponovljiva je konstelacija koju čine stanovnici Pule u decembarskoj noći 2012. godine. Kada bi se mogla preneti u grafički zapis, sa pozicijama svih učesnika, kakva bi to fantastična šara bila. I onda, koračati arhivom noći jednog grada. Listati dosijea. Zaviriti u tamu godine 1947, kada kolone budućih izbeglica napuštaju svoje kuće i stanove, i natovareni stvarima kreću na rivu, gde ih čekaju brodovi *Toskana* i *Pola*. Poslednji pozdrav gradu u praskozorje.

Spustiti se u novembarsku noć 1958. godine dok beogradski voz juri slavonskim ravnicama, kroz magle Slovenije, između Zidanog Mosta i Postojne, i u rano jutro spušta sidro na pulskoj rivi. Nema dalje. Jer, dalje je more. Kraj, i početak.

Na recepciji hotela *Skaleta* uzimam ključ od sobe. Tiho se penjem na drugi sprat. Visoki plafon, obasjan mesečinom, beli se u tami sobe. Još jedan zakasneli spavač na Monvidalu upisuje se u mapu noći.

16.

Sutradan je okrenulo na južinu. Kada sam oko deset časova otvorio prozor, zapahnula me nezdrava toplina. Sav elan nastao dubokim snom iščeznuo je u dodiru s tim mlakim vazduhom. U trenu su se ukazala ona davna jutra kada je jugo dodatno pojačavao teskobu odlaska u školu. Hodao sam mokrim ulicama Pule, sudarao se pogledom s oronulim fasadama, zavideo likovima koji bi se za trenutak pojavili na prozoru ili balkonu. Oni su, eto, kod kuće, prepušteni čarima dokolice, a ja idem u neizvesnost još jednog školskog dana.

Stajao sam na prozoru hotela *Skaleta*, duboko disao, i sa pozicije sobe na uglu hvatao pogledom prostor sve do Punte, i na drugu stranu prema Areni. U nozdrvama sam osećao miris kiše. Bila je to samo najava, ali tolike godine provedene u tom prostoru snabdele su me osetljivim čulima. Umišljao sam da, kao zver, mogu da osetim svaku promenu vremena koja bi se približila jednom od sedam brežuljaka na kojima leži Pula. Bio sam dobri duh grada, osetljiv na pulsiranja prohujalih vekova. Gutao sam stare kalendare i časopise, mape i gravire, zagledao fotografije na kojima se video jedan iščezli grad, sa bezimenim svedocima koji su se slučajno zatekli na mestu koje će ovekovečiti lokalni fotograf. Lutao sam dubokim slojevima prošlosti, kroz mitska vremena Argonauta, koji su, u potrazi za zlatnim runom, predahnuli baš u pulskom zalivu, na poluostrvu Stoja. U ruševinama rimskog pozorišta na Monte Zaru slušao sam glasove legionara. I kasnije, urlike Ostrogota i Vizantinaca, Mlečana i Đenovljana, koji bi protutnjali gradom u plamenu. Prolazili su vekovi. Vidim senku Danteovu na groblju benediktinskog manastira, tamo gde je danas policijska stanica, robna kuća i Kroacija osiguranje. Svašta izraste na groblju.

U decembarskom jutru prazna terasa hotelskog restorana, na drugoj strani ulice, pojačava osećaj napuštenosti. Kao gnezdo usađena u gustu vegetaciju koja leti pruža dubok hlad, nekada je bila mesto na glasu, jedino koje je radilo do ponoći. U to vreme nije postojao hotel, samo restoran, koji se tada zvao *Zagreb*. Pored *Rivijere* i *Delfina*, bio je najpopularnije mesto glumaca, reditelja i njihovih obožavalaca u vreme Filmskog festivala. Međutim, meni, redovnom posetiocu bioskopa *Istra*, koji sam tuda stalno prolazio, terasa restorana *Zagreb* funkcionisala je kao precizni meteorološki instrument. Jer, kada bi pred kraj avgusta naglo zahladnelo, a bura okrenula na jugo, koji bi doneo vetar i kišu, prizor tog opustelog mesta, sa mokrim lišćem po stolovima i stolicama, beše neumoljivi pokazatelj da je letnja sezona završena. To je značilo bliski početak nove školske godine. Sa avgustovskom južinom rasla je teskoba. I tada sam razumeo mletačke providure koji su pre tri-četiri veka iz malarične Pule slali očajnička pisma venecijanskom duždu, molili ga da ih što pre vrati u grad na lagunama.

Tokom sumornih gimnazijskih godina maštao sam kako ću jednom zauvek otići iz tog dosadnog grada. Otišao jesam, ali proporcije sam poneo. I teskobu koju su u mene utisnuli ljudi sa plaže; žamor njihovih glasova; golišava tela u slobodom padu; smeh i opuštenost.

Tri velika peškira, raširena preko glatkih stena kupališta Stoja, čine našu porodičnu teritoriju. Na njoj smo izloženi pogledu drugih. Gde god da se otisnem, prati me ta prostirka, volšebni ćilim mog detinjstva, i majušna figura majke, lica razvučenog u osmeh, jeziv kao onaj njen krik u noći, trideset godina kasnije, dok gola sedi na ivici fotelje, i gleda u bezdan širom otvorene fioke.

Čitavog života u slutnji katastrofe, sve što radim jeste pokušaj da se zaštitim od propasti, da pronađem sigurnosnu bravu. Da se sakrijem u samici reda i spokoja. Sprečiti pogrešan izbor mudrim povlačenjem u sebe. Odgoditi nove igračke. Dugom koronom usporiti trenutak slobodnog izbora.

I zato nikada nisam otišao u bordel. Kao pas lutalica šunjao sam se po rejonima prijateljica noći, posmatrao ih sa sigurne udaljenosti, bojažljivo prilazio ulazima javnih kuća i hotela na sat. Uvek ista priča, svejedno da li je u Berlinu, Minhenu, Budimpešti, Beču, Bremenu. U poslednji čas bih se predomislio pred navalom svega onoga što bi moglo da usledi kao posledica kratkog zadovoljstva.

Sredinom januara 1993. našao sam se u grupi pisaca sa prostora bivše Jugoslavije koja je nastupala u Literaturhausu u Hamburgu. Bili smo raspoređeni po obližnjim hotelima i pansionima na jezeru. Aleksandar Tišma i ja smešteni smo u *Miramaru*.

„Većinu hotela u ovom kraju vode bivše prostitutke. Na vreme su uložile ušteđevinu", rekao mi je Tišma dok smo sedeli u foajeu i pili kafu.

„Odakle vam to?"

„Da li ste primetili njihove poglede? Kao rendgen, sve snime. Ništa im ne možete sakriti."

„Mislim da preterujete."

„Vi nikada niste bili u javnoj kući?"

„Nisam."

„Gledam vas juče na stanici s onim ogromnim koferom, kao da ste krenuli na put oko sveta. Ja sam manji kofer imao kada sam putovao u Indiju."

„Kakve to veze ima sa bordelima?"

„Prtljag, moj Velikiću. Nikako da se otarasite viška stvari."

„Ne možete unapred znati šta je višak."

„Vi ste kao moja Sonja. Sigurno vam je špajz pun rezervi?"

„Nemam špajz u stanu."

„Zato ga imate u glavi."

„Šta je loše u tome što želim unapred da se obezbedim?"

„Nije loše, ali je besmisleno. I opasno. Jednom ćete poželeti da imate rezervni život. Tako to ide."

Pre nekoliko godina sam u novosadskoj Katoličkoj porti ugledao visoku brinetu. Bio je sumrak, i tek što su se upalila ulična svetla. Šetala je od ugla do ugla, osvrtala se kao da nekoga čeka. Stajao sam ošamućen, ne skidajući pogled sa njenog tela koje jedva da je pokrivala kratka haljina dubokog dekoltea. A onda je odnegde izronio debeli pedesetogodišnjak, prišao joj, i nakon kratkog razgovora ušli su u obližnju kuću.

„Ode vam lovina, moj Velikiću", čuo sam u sebi Tišmin glas.

Bio sam u njegovom gradu. U suton, kada obrisi gube oštrinu a žudnja obuzme dušu i telo, i nema tog mesta na kojem se može primiriti. Hodati, samo hodati, bez cilja. Svi ti ljudi sa kojima sam se mimoilazio, žene koje sam krišom zagledao, fasade i izlozi, parkovi, trgovi, kejovi, imaju svoje neprolazne otiske u Tišminim knjigama. I dok on već godinama leži na novosadskom groblju, njegovi junaci nastavljaju svoje svakodnevice, pod nekim drugim imenima. Dolaze na svet, davno već upisani u Tišmin registar.

Kao pas tragač krenuo sam u noć, lutao uskim ulicama i prolazima oko Katoličke porte. Sve vreme priviđao mi se Tišmin lik, njegov šeretski osmeh, zaustavljen negde na pola puta, pre nego što bi sagovornik, možda, nedajbože, osetio malo topline.

Ponavljao sam u sebi reč „lovina", koju je Tišma one večeri u Hamburgu toliko puta izgovorio. Sve što je rekao bilo je britko, ogoljeno do kraja. Po nekoliko puta bi ponovio kakvo oštro zapažanje, čekajući moju reakciju. Ublažavao sam njegove dijagnoze, kao da sam i ja odgovoran što su stvari takve kakve jesu, uglavnom loše.

„Samo petljate. Zato i ne možete u bordel?", rekao je đavolski sijajući očima. „A hteli biste? Je li tako?"

Neodređeno sam odmahnuo rukom, i mašio se za novu cigaretu.

Tog jutra, za doručkom, rekao mi je da već duže vreme ne puši. Kad god bih zapalio cigaretu, njegove sitne oči bi poskočile. Zato sam pušio mnogo, i sa svakom cigaretom slao sam mu poruku da sam u najboljim godinama, bezbrižan; ne nasedam na njegove provokacije; između nas je čitavo jedno životno doba. On kao da je naslućivao razloge moje neuviđavnosti. Čangrizavo je terao dalje.

„Niko nije zakinut. Svakome se događa, više ili manje, upravo ono što mu i priliči po sklonostima i moćima. Uostalom, svako sebi sam odredi mesto. Nigde se nismo tek tako, slučajno zatekli.“

„Hoćete da kažete da svako sebi nešto dozvoli ili ne dozvoli?“

„Upravo tako“, rekao je Tišma. „Eto, vi bordele sebi niste dozvolili.“

„Kad bi tako bilo, svako bi sebi upisao slavu, novac, žene…“

„Zanimljiv vam je redosled“, prekinuo me Tišma.

„To je zato što prikrivam ono do čega mi je najviše stalo. Zbog uroka. Sujeveran sam. Inače bi na prvom mestu bilo zdravlje.“

„Zato i pušite, zbog zdravlja. Vidim, bićete gori mizantrop od mene.“

„Kako to znate?“

„Teret prećutanog jednom se mora istovariti. Da nije tako, zar bismo uopšte pisali? A vi nikako da se tog posla poduhvatite?“

„Odakle vi to znate? Da niste možda čitali moje knjige?“

„Nisam. Ali, čitam ono što govorite po novinama. Mnogo ste naivni.“

Zastao je za trenutak.

„Zašto izmišljate?“

Rečenica koju će četiri godine kasnije, u hodniku staračkog doma, izgovoriti moja majka; rečenica koju će toliko puta ponoviti tokom naših mučnih susreta, u trenucima kada bismo oboje zaćutali, i kada sam jedva čekao da se udaljim iz tog predvorja ništavila.

„Zagledate li se nekada u trotoare po kojima gazite? Oslušnite. Ima šta da se čuje", rekao je Tišma. „Eto, vi biste mogli da napišete roman o trotoarima. Razmislite o tome."

U međuvremenu, prtljag se uvećao. Sve manje izmišljam. Raspoređujem doživljeno. Često mi je u sluhu rečenica izgovorena u duetu moje majke i Tišme. Kakav bi to susret bio. Ona, sva satkana od teških zapleta, strahova, od prećutkivanja i sitnih laži; i on, ogoljen, direktan, drzak. Ko zna, možda su se nekada mimoišli na ulici u ono posleratno doba dok je Tišma živeo u Beogradu, i lutao noću Savskim pristaništem u potrazi za lovinom, oko hotela *Bristol* i strmim ulicama ispod Zelenog venca, tamo gde je bila redakcija *Službenog lista*, u kojoj je mama radila kada se vratila iz Rijeke.

Kad god se nađem u nepoznatom gradu, krenem nasumice da šetam, spokojan i bezimen, skoro nevidljiv; sa svakim korakom tonem dublje u obrise nekog rezervnog života koji se tu dogoditi mogao; uranjam u lavirinte priča koje su mi prethodile, u nepreglednu knjigu genetike u kojoj je sa enciklopedijskom tačnošću upisana svaka odrednica iz života predaka. Kreću se sa mnom, nemi i tihi; šestim čulom istražujem tu ogromnu ostavštinu, to nasledstvo koje se ne može tek tako odbaciti, već se usvaja sa svakim proživljenim trenutkom; tako i ja postajem još jedan u nizu, u toj sviti bez početka, koja baulja iz dubina postojanja u sutrašnji dan.

Najviše je laži, teskoba, zabluda i strahova. Isti su to zapleti koji muče mladu službenicu Direkcije luka Severnog Jadrana u Rijeci, tokom kratkog službenog puta, dok zamiče pustim ulicama Pule, i njenog sina dvadeset godina kasnije, koji ne samo da ne zna koga je to prvi put poljubio, nego ni da li se poljubac sa jednom od bliznakinja iz Gupčeve ulice zaista dogodio. Tako će biti i u kišno avgustovsko popodne kada su odjednom nestali ljudi sa plaže, a on se prvi put osetio spokojnim i slobodnim. Samo zakratko, jer već sutradan granulo je sunce, zavladale su gužve na kupalištima, pa se plašljivi plivač povukao u borovu šumu na rezervni položaj, sa prilično nepouzdanim sećanjem na prvo ljubavno iskustvo.

Ili je to logična posledica, tačnije anticipacija one senke u centru lobanje koju otkriva snimak magnetne rezonance; proširenje praznine u obliku deteline sa četiri lista, najava Alchajmera, kako je nekoliko godina ranije zapisao nepoznati gost u sobi hotela *Garibaldi* u Veneciji. Tu belešku pronalazim nakon povratka sa puta, među praznim listovima notesa kožnih korica, sa malenom hemijskom olovkom od ljubičastog metala, zbog koje sam i prisvojio taj hotelski inventar.

Od autizma do Alchajmera nije daleko. Struktura utisnuta vaspitanjem, svakodnevnim drilom, nikada dokraja izgovorenim aluzijama, proizvodi osobenu sliku sveta pretrpanu upozorenjima. Ne dozvoliti telu da se opusti, biti stalno napet, u niskom startu pred onim što se valja iza krivine sledećeg trenutka.

Čeljust melje zalogaje, buka u glavi je nepodnošljiva. Osluškujem. Pun strepnje da bi disanje moglo prestati, mehanizam gutanja zatajiti. Bez prisustva drugog hrana je bezukusna. Gubim apetit. To majka u meni odustaje od uživanja, kao galeb guta nesažvakanu hranu. Što pre napustiti restoran narodne kuhinje u tom utvarnom gradu. Za susednim stolom dva muškarca dobacuju joj duge poglede. Oseća kako pupa kap znoja na vratu, i polako klizi niz leđa. Ovde više nikada neće doći. Zove kelnera, plaća račun, izlazi na ulicu. Kreće prema autobuskoj stanici, u smeru koji joj je pokazao jedan prolaznik. Međutim, ulica krivuda, ne vidi se kraj. Sa desne strane zgrada nekog prenoćišta, jedno od onih zapuštenih zdanja kakva su širom nove države, neuporediva sa predratnim dubrovačkim i opatijskim hotelima. Ili sa *Terapijom* u Crikvenici, gde se nekada samo češki govorilo. Konačno u daljini izranja amfiteatar iz doba Rima. Tu negde je i autobuska stanica. Usporava korak. Prošla je kroz maleni park i našla se na rivi. Vreme do polaska autobusa provela je na klupi. Izvadila je svesku u kojoj beleži skice za sledeći dan, navika stečena tokom pet dugih godina u internatu u Šapcu. Misli su joj unapred određene rubrikama, tamo gde valja upisati obaveze čije je ispunjenje jedini zalog sigurne i srećne budućnosti – nauk vaspitačica iz šabačkog internata, neoborivi postulat njene životne filozofije. I tako sebi nije dozvolila ono za čim je žudela: ljubav. Uporno je terala po svome, nesposobna da se opusti, da diše punim plućima, da bude otvorena za svaki susret, već je bujicom reči zatrpavala udvarače, podizala ogradu, pričala kada je trebalo ćutati i samo se pogledima dodirivati, olako propuštajući trenutak za koji nije postojala rubrika u njenoj svesci, pa je tako ostao neproknjižen, tek najava nečega što se moglo desiti. A nije. Ne zato što ona u nečemu duboko greši, već zato što je svet tako ustrojen da čiste duše bivaju kažnjene samoćom. Krivica, verovala je, nije njena. Vlastiti postupci niti proizvode niti utiču na okolnosti, već su okolnosti dar sudbine. Njoj je sudbina odredila velika iskušenja, ali njena vera je jaka. Nema tog cilja koji ne može dostići neiscrpnom energijom, upornošću i strpljenjem. Damari neizgovorenog nizaće se u slojevima. Tom hipotekom opteretiće svoje potomstvo.

Teskoba koja me obuzme kada sedim sam za kafanskim stolom, panična potreba da što pre završim sa jelom, i pobegnem napolje, u sledećem kolenu rezultirala je nesvesnim izbegavanjem moga sina da se suoči s iskušenjem obedovanja u samoći. U restorane odlazi samo u društvu. Tragaće za simptomima porodičnih neuroza na univerzitetskim klinikama u Singapuru, Stokholmu, San Dijegu, osluškivati nemi jezik demencije, uočavati kod pacijenata prve simptome Alchajmera po metodi profesora Dalaska. Gejziri neizgovorenog, duboko potisnuti u limb podsvesti, s vremenom se gase, ostavljaju za sobom prazan prostor, crnu rupu ništavila. I zato valja na vreme aktivirati milione neurona u potrazi za odbeglim sećanjem; neprestano se suočavati sa opasnim nasleđem predaka; ići u susret uznemirujućim prizorima koji, mimo svake hronologije, iznenada iskrsnu pred očima, opterećivati gustu mrežu prenosnika upornim radom memorije, izvlačiti iz pamćenja slike, šumove, mirise, dodire; snabdeti se strpljenjem arheologa, jer šta je sećanje do iskopavanje; zamišljeno je tek senka nečega što se već dogodilo.

I zato Lizeta. Zato Titov urar, Lado Leskovar, Remarkovi junaci, Hiterotovi, Tišma, Vesko Krmpotić, znani i neznani koji samo minu objektivom svesti – svi oni čine arhitekturu koja je gradila jedan život. Kao što je i taj život građa, vidljiva ili manje vidljiva, u ko zna koliko hiljada drugih života, ili tek obris bezimenog učesnika na fotografiji nekog japanskog turiste na Trgu San Marko u Veneciji.

Šta je roman do pokušaj da se nekoliko kadrova svakodnevice dovede u uzročno-posledični sled, da se oslobodi priča koja postoji kao što postoji skulptura u komadu neobrađenog kamena. Svako u sebi nosi nevidljivu biblioteku, hor nenapisanih romana.

Bruje trotoari i železničke šine.

Krajem avgusta 1991. godine vraćam se sa letovanja, iz Pule u Beograd, jednim od poslednjih vozova koji još uvek špartaju pravcima *Jugoslovenskih železnica*. Negde posle Zagreba, kada putničke kompozicije opravdavaju odrednice „brzi" i „ekspres", i konačno hvataju zalet u slavonskim ravnicama, iz ugla kupea oglasila se starija gospođa:

„Ti si Dragan? Bubin i Vojin sin?"

Bili smo sami, jedan par tek što je napustio kupe. Voz je naglo usporio ulazeći u neku stanicu. U naredna četiri sata, osoba koja se predstavila kao Radmila – supruga majora avijacije koga sam se sećao samo po imenu, ali sam zato sasvim jasno video široku terasu njihovog stana u centru Pule, na kojoj smo se sestra i ja igrali – nizala je kadrove životopisa svaki čas menjajući optiku. Bila je maloletna štićenica internata Učiteljske škole u Šapcu, i delila isti orman sa mojom majkom, da bi već u sledećem trenutku proročanski skicirala svet koji će nastati nakon rata koji tek što nije počeo. Onda bi, odsutnim glasom, više za sebe konstatovala kako je moja majka bila bolesno pedantna, i da se jednom rasplakala kada njihov orman nije proglašen za najuredniji u čitavom internatu.

Mene je odmah prepoznala po kretnjama sa kojima sam zapalio cigaretu u hodniku vagona. Preslikan otac, rekla je. Njen Vlatko umro je prošle godine. Infarkt. Ona putuje sestri u Staru Pazovu po neka dokumenta. Naglo spustivši glas, nekim jezivo poverljivim tonom saopštava mi kako je žalosno što se sve to tako završilo. Nisam reagovao, pa je nekoliko puta ponovila da joj nikada neće biti jasno zašto je mama bez ikakvog objašnjenja prekinula prijateljstvo sa njima. Da li znam da se moji roditelji možda nikada ne bi ni upoznali da ona moju majku nije prosto odvukla na izlet *Službenog lista* na Frušku goru? Neko vreme pokušavam da pratim priču osobe koja je, navodno, zaslužna za moj dolazak na ovaj svet.

U jednom trenutku Radmila pominje bizarnost čija mi je verodostojnost odmah bila sumnjiva. Pripisao sam je njenoj povređenosti gestom moje majke, tim iznenadnim udaljavanjem i prestankom prijateljstva dugog više od tri decenije. Navodno, mama je u internatu bila ljubomorna na devojke koje su dobijale ljubavna pisma dok njoj niko nije pisao, pa je počela sama sebi da piše ljubavna pisma.

Naredna četiri sata, koliko je potrajalo putovanje do Stare Pazove, moja saputnica usta nije zatvarala. Povremeno bih zažmurio, praveći se da dremam. Ili bih izlazio u hodnik da pušim. Čim bih se vratio u kupe, nastavljala je monolog. Pominjala je silna imena, ređala toponime, evocirala tračeve i događaje, kretala se pozornicom Pule šezdesetih godina dvadesetog veka ne propuštajući da me sve vreme obasipa gomilom nevažnih podataka, od cena u ribarnici i na pijaci do imena lekara kod kojih se moglo lako dobiti bolovanje. Ta briga za lociranjem svakog besmislenog detalja, sumanuti pokušaj da sve drži pod kontrolom, podsetio me na moju majku. Da li je preda mnom bio još jedan pripadnik udruženja nesnađenih duša? U tami sklopljenih očiju pratio sam izveštaj jednog rasutog uma i jedva čekao da konačno stignemo u Staru Pazovu i oslobodim se dosadne saputnice koju je usud udovice već uveliko otpisao iz života.

Ne znam šta bih danas dao za samo pola sata razgovora sa Radmilom. Iz ove sadašnje perspektive mnogo toga što je ona pomenula imalo je značaj proročanstva. Recimo, taj sumanuti čin pisanja pisama samoj sebi. Četiri godine kasnije, život mi je iz temelja promenilo poznanstvo sa ženom koja je svaku pukotinu u našem odnosu zapušavala izmišljotinama koje sam potpuno naivno prihvatao kao realnost. Jer, sve što se između nas događalo, bilo je suđeno – tako je ona tumačila čudesne koincidencije koje smo otkrivali na svakom koraku. Nas dvoje smo rođeni jedno za drugo, i bilo je samo pitanje dana kada ćemo se sresti. Međutim, presudni momenat za opstanak naše veze, ona kap koja je prelila čašu i osnažila me da donesem tešku odluku i započnem novi život, bio je vezan za jedno putovanje moje drage u Budimpeštu. Tamo je, na međunarodnom simpozijumu sociologa, upoznala osobu koja je godinama bila u ljubavnoj vezi sa nemačkim piscem prema kojem sam osećao veliku bliskost i divljenje. Ispostavilo se da je on čitao prevode mojih romana, da su mu se dopali, da su njih dvoje, dok su bili u vezi, često razgovarali o meni, i da me je taj pisac čak preporučio svom američkom izdavaču. Sve je to stajalo u pismima koja je moja draga neko vreme razmenjivala sa tom osobom.

Deceniju kasnije ispostaviće se da je čitava ta prepiska izmišljena, i ne samo prepiska, već i poznanstvo sa bivšom ženom nemačkog pisca, pa tako i njegove pohvale mojim romanima. Taj detalj trebalo je da odigra ulogu krunskog momenta koji bi me konačno privoleo da se otisnem u novi život. Jer, eto, otkako smo zajedno, dešavaju mi se samo lepe stvari. Način na koji je uspela da izrežira čitavu priču, da obezbedi čak i koverte sa žigom berlinske pošte u Grunevaldu, sa čitkim datumima, zaslužuje svako divljenje. Naravno, moja draga ostvarila je svoj plan ne samo zbog sujete koja mi je omamila razum, već i zbog dugogodišnjeg staža življenja u obmanama, koji sam stekao u detinjstvu.

Ni u svetu moje majke ništa nije bilo onako kako je na prvi pogled izgledalo. Sve što se dešavalo imalo je i skriveno značenje. Ništa nije jasno izgovarano. Samo aluzije, šumovi, nedovršene rečenice, izluđujući konjunktivi. Promiču siluete nejasnih crta lica, nečujnih koraka, kao da se bosi šunjaju oko nas. Istinitost izgovorenih reči odmah bi ojačavala primerima iz života, i tako im davala nesumnjivu upotrebnu vrednost.

Dok smo sestra i ja bili mali, nakon kupanja smo dugo trljali kosu peškirom. Morali smo čitav sat da sedimo pored kaljeve peći, a mama nam je svaki čas rukom prolazila kroz kosu proveravajući koliko je još vlažna. Po ko zna koji put bismo čuli priču kako je u detinjstvu imala drugara koji je jednom mokre kose izašao na mraz, dobio upalu mozga, i posle tri dana umro. Zabranjivala nam je da zimi pričamo na vetru, ili ako već nešto moramo da kažemo, da to činimo kroza zube, slepljenih usana. Na sve strane upozorenja i pretnje. Recimo, ručni sat nikada se ne ostavlja na staklu jer od hladnoće stakla feder može da pukne. Tako joj je navodno rekao urar Maleša.

Nije sumnjala da ćemo sestra i ja jednom shvatiti koliko je bila u pravu. Ali, tada će biti kasno da se ona svojim očima uveri da smo se konačno opametili, jer u tom času po njoj možda već crtaju. Suočavala nas je sa poslednjim kadrom svoga života. Telo leži na odeljenju patologije. Demonstrator skalpelom secira leš. Zgrožena tim prizorom, tražila je od sestre i mene da joj obećamo da će, kada umre, biti kremirana.

Nikada nam ništa nije predstavila bez mistifikacija. Sve je bilo konačno, nije postojala mogućnost ispravke. Umesto objašnjenja, iskrsnula bi priča. Nije nas učila kako da mislimo, da uočavamo kauzalnosti koje postoje između uzroka i posledica – servirala nam je gotova rešenja.

Obmane i laži, žudnje i snoviđenja, građevinski su materijal ludila; rušiti mostove prema stvarnom svetu, i tako uspostaviti izmišljenu realnost. Moja majka je svoj virtuelni svet održavala prisilnim radnjama, usredsređena na nevažne detalje, na neprekidno smišljanje novih rituala, i njihovo održavanje. Činjenica da su fioke u ormanima u besprekornom redu, da prozori sijaju od čistoće, a svaki dan je isplaniran do u minut, predstavljala je dokaz funkcionalnosti njenog sveta. Govorila je kako, usred noći da se probudi, može odmah da pronađe svaku stvar ili predmet koji joj padne na pamet, radosno nam se hvalila time, nikad se ne pitajući o smislu takvih noćnih testiranja. Jer, savršenom orijentacijom u vlastitom stanu kompenzovala je pogubljenost u spoljnjem svetu. Kućni prag bio je granica njenog carstva. Osećanje ponovo stečenog doma, koji je kao dete izgubila odlaskom u internat, ispunjavalo ju je tihom srećom. Imala je averziju prema prostorima gde se boravi u grupama, svejedno da li je to starački dom ili radničko odmaralište. I strah od selidbe, kao da bi izmeštanjem mogla ponovo da izgubi čvrstu tačku, svoj mali univerzum u kojem je ona određivala pravila.

Slutim da nikada nije uspela da se snađe u velikom svetu. Svako prijateljstvo završavalo joj se razočaranjem i naglim prekidom, a ona je ostajala povređena strana. Pamtim dobro te mukle časove kada se naglas preispitivala i tražila motive za čudno ponašanje dojučerašnjih prijatelja. Ljudi sa plaže kružili su oko nas. Spokojni i sebični. Mama je plakala, ne skrivajući se od nas.

Obuzimalo me je u tim situacijama ono isto osećanje stida i teskobe kao na kupalištu Stoja, dok bismo mama, sestra i ja sedeli na peškirima i ručali, ali ne kao sav ostali svet opušteno žvaćući sendviče, uz viku i smeh, već podvijenih nogu, usredsređeni na svoju hranu u tanjiru. Koristili smo escajg i salvete. Mama bi sve vreme pričala o tome kako su nekada, pre rata, kupališta u Opatiji i Lovranu imala suncobrane, ležaljke, niske stolove i klupe. Govorila je glasno, da bi i gomila oko nas mogla da čuje mit o urednim Česima u Crikvenici. Ponekad bi neko dobacio kakav zajedljiv komentar. Mama bi, ne osvrćući se, odgovorila nešto na francuskom. Iako ni sestra ni ja nismo znali taj jezik, osmesima smo odobravali svaku maminu reč.

Predstavljali smo malu pozorišnu družinu koja svakoga dana u isto vreme izvodi predstavu na plaži. Kradom sam hvatao znatiželjne poglede, s užasom uočavajući neko poznato lice. Strepeo sam od susreta sa tim svedocima na početku školske godine. Mojoj sreći nije bilo kraja kada sam posle drugog razreda prebačen u školu na Monte Zaru, u onu istu u kojoj će nekoliko godina kasnije završiti bliznakinje Doris i Noemi Alfeldi. Razlog ove selidbe bilo je mamino zaposlenje u sekretarijatu te škole. Želela je da joj sestra i ja budemo stalno pred očima. Međutim, u osnovnim školama se menjaju smene, pa je to značilo da ćemo sestra i ja svake druge nedelje imati bezbrižna prepodneva bez uobičajenog drila, da ćemo moći da se prepustimo opuštenom redosledu zbivanja koji smo poznavali iz kuća naših drugova i drugarica čiji su roditelji bili zaposleni. Kako sam im samo zavideo na spokojnosti, na miru koji ih je okruživao, na mogućnosti da sami određuju šta će u nekom trenutku da rade. Nas dvoje smo sve vreme bili pod nadzorom, bez mogućnosti da o bilo čemu samostalno odlučujemo. Čak su i takve banalnosti kao što je odluka o tome koju svesku nameniti pojedinom predmetu, morale da prođu verifikaciju naše majke. I sad, odjednom, prilika da budemo sami i opušteni, da se u tišini krećemo kroz stan, bez onog stalnog gunđanja kojim je mama pratila sve što smo radili.

Nažalost, naša sreća potrajala je samo dva meseca. Mamino radno mesto podrazumevalo je da sve vreme bude u jutarnjoj smeni. Uzalud se nadala da će uspeti da ubedi direktora da zbog dece menja smenu. I tako je posle dva meseca odustala od zaposlenja, a mi smo do kraja školske godine ostali na Monte Zaru. Opet se sumornost vratila u našu dečju svakodnevicu. Sestra je te godine popustila sa učenjem pa je smišljala brojne trikove da to prikrije. Jednom je, da bi odobrovoljila mamu, upisala sebi u sveske sedamnaest petica. Naravno da je mama posumnjala, i da je otišla u školu da proveri o čemu se tu radi. Vratila se u šoku. Saznala je, pored istine o ocenama, i da se sestra poverava svojim drugaricama kako je usvojena iz sirotišta. Sve do ponoći slušali smo mamina jadikovanja. Čitav grad ima da bruji o tom skandalu. Zar je to zahvalnost za sve što za nas čini? Umesto da se provodi kao druge žene pomoraca, ona je sva nama posvećena. Nema vremena ni za druženja. Toliki prijatelji su se od nje udaljili.

Ne sećam se jesam li već tada znao da je ona bila ta koja iznenada prekida kontakte, ali svakako sam to uskoro shvatio. Obično je povod bila kakva opaska, savet ili komentar, za koji bi umislila da je zajedljiv, sračunat samo da je povredi. Nije se svađala – uostalom, za to i nije bilo prilike jer bi tek naknadno, dan ili dva nakon sudbonosnog susreta, učitavala skrivena značenja i aluzije.

Jedan se tatin drug, veliki šarmer i zavodnik, našalio na nekoj proslavi i pitao je šta radi Penelopa dok joj je Odisej na moru. Bez reči je otrpela aluziju. Međutim, došavši kući, zaklela se pred nama da je sa njim gotovo.

„Kakva drskost! Kakav bezobrazluk!“, govorila je obraza crvenih od besa. „Zar je to prijatelj?“

Zapravo, mama je bila svesna svoje neatraktivnosti, i da je svaka aluzija na njenu seksualnost lišena stvarnih zavodničkih namera. Tek reda radi upućen kompliment. To ju je duboko povređivalo. I zato je izgradila mehanizme koji su je čuvali od iskušenja promiskuiteta, kao da je u njenom slučaju ta opasnost stalno prisutna. Živi čestito jer je to njen izbor. Mogla bi i drugačije kada bi htela. Najlakše je dati se u promet. Na svakom uglu čekaju švaleri.

Reč *švaler* bi razvukla u drugom slogu, drhtavim, skoro pretećim glasom. Oči bi joj se suzile, za trenutak bi zažmurila. Činilo se kao da uživa u zamišljenoj ulozi preljubnice. Nikada ne bi upotrebila reč ljubavnik, zavodnik ili udvarač. Slutim da su, prema njenim merilima, to bili složeniji pojmovi, snabdeveni suptilnijim značenjima, dok je švaler ispražnjen od svake emocije, sveden na spadalo čija naklonost ženu više ponižava nego što joj godi. Švaler je bez ikakve topline, čista mehanika zadovoljavanja nagona.

Kakav pakao je bila njena svakodnevica. U kakvoj je betonskoj kapsuli zabrana provela život. Sve vreme jednim okom prati šta se dešava u potpalublju, u skrivenim zatonima ljudske komunikacije, tamo gde ona nema pristupa jer ne vlada jezikom tajnog sporazumevanja. Uvek na obodu golicavih priča, nikada dokraja upućena u kontekst, tužni glasnik koji prenosi ljubavne poruke. Kako li je bila zbunjena defilovanjem momaka njenih prijateljica iz internata, prepričavanjima mladalačkih avantura, nestašlucima, odsustvom zabranjenih misli i prohteva, potpunom slobodom, kao da se sve to odigrava na filmskom platnu.

Mamino vreme za ljubav bilo je tokom raspusta, kada bi se štićenice internata razišle svojim kućama. Ona odlazi na selo. Luta poljima. U samoći smišlja priče kojima će na jesen, kada se vrati u internat, zadiviti drugarice.

Kasnije, tokom čitave godine, stizala su joj pisma. Imala je i fotografiju mladića u mornarskoj majici na odsluženju vojnog roka. Njen rođak, kojeg je drugaricama predstavljala kao svog momka, najavio je možda jedinog muškarca u životu moje majke.

On će doći dvadeset godina kasnije, u uniformi poručnika Jugoslovenske ratne mornarice. Bila je već zašla u četvrtu deceniju ali i dalje je verovala da će izbeći sumornu sudbinu usedelice. Tešila se da to nije najgore što se čestitoj devojci može dogoditi. Biti napuštena sa vanbračnim detetom, to je tragedija. I zato je bila sva usredsređena da se sačuva da ne bude zavedena i ostavljena.

Prvi svetski rat tek se beše završio kada se mama rodila. Mačva je opustošena. Još su sveže rane od austrijskih kaznenih ekspedicija. Mamin otac jedini je preživeli od braće, glava porodice, tačnije porodične zadruge u kojoj su četiri udovice i mnogo dece. Poseduje ogromno imanje, hrastovu šumu, ciglanu. Jedan je od najbogatijih u selu. Voleo je da popije, i tada bi postao prek i zao.

Ništa ne znam o maminom životu pre odlaska u internat. Decenija na selu u potpunom je mraku. Nikada nije pričala o tim godinama. A baš tada nastaju etaloni sa kojima se kasnije premerava svet. Isticala je samo da su bili bogati; unedogled je nabrajala šta su sve imali, od konja i stoke do šuma i ribnjaka. Kada sam je jednom pitao kako to da ona ništa nije nasledila, zanemela je za trenutak. A onda je rekla da se odrekla nasledstva u korist braće i sestara koji su ostali na selu. To je bila njena dužnost, budući da se jedino ona školovala. Iako nije bilo neuobičajeno u tim vremenima da naslednici u čije je školovanje porodica uložila novac tako postupaju – dakle, nije se radilo o maminoj neuračunljivoj velikodušnosti, već o nepisanom pravilu – sumnjao sam u tu priču. Slutio sam da nešto nedostaje. Tema nasledstva više nije pomenuta.

Šta su sve krile noći u mačvanskim selima kada je rat okončan a život se ponovo budio u zamrlim porodičnim zadrugama. Žene su skinule crninu. Lelujaju senke pod svetlom petrolejki. Škripe kreveti. Duboko dišu tela u perinama. Gledam u mrak. Promiče konvoj rođaka. Prepoznajem njihova gruba lica sa proslava i sahrana, iz porodičnih albuma, i sa grobova. U tom mraku rođena je moja majka. Tu je provela prvih deset godina, tu se snabdela opsesivnim prizorima, poučnim pričama za svaku životnu situaciju, usvojila vrednosti koje nikada nije dovodila u pitanje; tu je stekla strahove i fobije, i onaj zgrčeni osmeh kojim je pokušavala da šarmira okolinu, da sve drži pod kontrolom. Nikada se nije dokraja opustila, kretala se cvileći kočnicama, kao voz na rubu provalije. Taj grč, koji je ovladao čitavim bićem, najvažnija je stavka njene genetske legitimacije; preneće ga dalje, potomstvu u nasleđe.

Sedim za pisaćim stolom, sapet u naporu da dokučim motive i korene čitave te priče a da ne skrećem u slepe prolaze, da se ne zatrpavam suvišnim rečima, da se ne bojim zaključaka.

Zabluda je da postoji samo jedna mogućnost, a da su sve ostale lažna vrata. Nije važno šta je mama govorila, već ono u šta sam poverovao.

Zabrane na svakom koraku. Davim se u virovima prećutanih priča. To je moj mrak.

Stalno u grču. Ne završavam rečenice, jer bi to predstavljalo definitivan iskaz, bez mogućnosti da se izmeni značenje izrečenog ukoliko se pokaže da onaj drugi ne odobrava taj iskaz. Taj drugi je majka. Dečak koji joj se obraća ni po čemu ne može znati šta je to što bi trebalo reći da bi ona bila zadovoljna; prvenstveno jer je njeno reagovanje iracionalno, bez logike, a i zato što nikada nije zadovoljna. On govori s mukom, tražeći svakom novom reči pravi put ka zadovoljenju slušateljke; često zastajkuje u očekivanju kakvog znaka, bilo u vidu klimanja glavom, bilo povlađivanja rečima. Unezvereno je gleda kad god potvrda izostane. I odmah je pita: „Je l' me čuješ?"

Ukloniti majku.

Napustiti teritoriju tri spojena peškira na kupalištu Stoja, popeti se na skakaonicu, i skočiti.

Biti slobodan.

17.

Još jedno poglavlje na prozoru hotela *Skaleta*.

Svako negde mora da bude.

Kako odoleti zbornom mestu male porodice, tu, pod mojim prozorom, gde smo se mama, sestra i ja sačekivali nakon što bismo izašli iz bioskopa *Istra*. Jer, i sestra je ponekad uspevala da se izgubi u gužvi. Oboje smo strepeli od maminih komentara upućenih na račun neodgovornih gledalaca zbog đubreta koje bi ostavili za sobom. Ponavljale su se scene sa plaže.

Kasnije, na putu do kuće, pretresali smo svaki detalj odgledanog filma. Najvažnije merilo bilo je da li je film poučan. Po mami, poučno je sve što omogućava da se na tuđem primeru sagledaju greške. Tako se stiče iskustvo. Bila je nepotkupljivi carinik našeg porodičnog univerzuma u kojem nije bilo mesta za negativne junake, za iracionalnosti, za trijumf zla nad dobrim. Pravda na kraju mora da pobedi. Prevaranti uvek bivaju kažnjeni.

Koliko je napuštenih žena platilo ceh svojoj naivnosti samo zato što nisu obraćale pažnju na one sitne znake koje odaju prevaranta. Tu, na licu mesta, dok hodamo pustim ulicama, sa još svežim utiscima, mama je tražila od nas da otkrijemo u čemu je junakinja pogrešila. Šta je trebalo da učini da bi izbegla tragičan kraj? U tim isleđivanjima bio sam uspešniji od sestre, kojoj bi retko kada pošlo za rukom da junakinju sačuva od fatalnog izbora. Uvek bi nešto previdela.

„Ne mogu da verujem da si toliko naivna da misliš da će Esmeralda bila srećna sa Haroldom, sa tim potuljenim liscem", kaže mama nezadovoljna sestrinim rešenjem priče. „Njemu je stalo samo do Esmeraldinog bogatstva. Međutim, da li si primetila kako je mali Patrik gleda? Kao anđeo."

Na sestrinu primedbu da je Patrik hrom, za glavu niži od Esmeralde, a da uz to i malo zamuckuje, mama se obrušila neoborivim argumentima: „Jeste, hrom je, pa šta? Ali, njegova duša je čista. Sa njim bi Esmeralda proživela srećan život. Ovako, ne smem ni da pomislim šta je čeka sa Haroldom, sa tim smutljivcem."

Kada je došao red na mene da junakinju sprovedem u okrilje povoljnijeg ishoda priče, nisam se libio da joj uskratim avanturu. Umesto fatalne ljubavne veze opredelio sam se za sigurnost čekanja. Mama je hvalila moju pronicljivost u razotkrivanju potuljenih tipova. Razvio sam se u vrsnog specijalistu koji pod krinkom lažne brižnosti i humanosti, nepogrešivo prepoznaje običnog kalkulanta.

Mnogo godina kasnije, kada se raspala zemlja u kojoj sam odrastao, razmileli su se po Evropi dušebrižnici raznih formata i kalibara, bezvredni i ambiciozni, usredsređeni samo na vlastiti interes. Sticali su počasti i nagrade, sinekure i profesure, stipendije i penzije, govoreći i pišući onako kako su to očekivali njihovi donatori.

Kao vlaga uvlačili su se u fondacije, eksperti za relativizovanje ili uveličavanje zločina, već prema potrebi i ukusu naručilaca. Sretao sam ih po konferencijama i simpozijumima, uvek zabrinute za sudbinu sveta, heroje konformizma, virtuoze intonacija, najamnike u službi nevidljivih centara moći. Osvajali su naivnu publiku na Zapadu deklamujući role iz svojih prethodnih života na Istoku. A ta publika se, nimalo naivno, odlučila za naivnost. Opredelila se da sluša samo ono što želi da čuje. I jedni i drugi igrali su uloge, kreirali virtuelnu stvarnost od laži i manipulacija.

Ništa ne donosi toliko pažnje i profita kao status žrtve. Izboriti se za to znači obezbediti egzistenciju za neko vreme. Medijsko tržište vapi za žrtvama, one umiruju savest malograđanina. Žrtve su kapital, njihova vrednost vrtoglavo raste uoči primirja. Što više žrtava, to više žetona na zelenim stolovima mirovnih konferencija. Zato se zaraćene strane u balkanskom paklu nisu libile da proizvode vlastite žrtve.

Isti su ljudi u čijim se glavama takve ideje rađaju! Jedino se po sponzorima razlikuju.

Međutim, problem su oni koji ne pristaju na manipulaciju, ne prihvataju podelu na dobre i loše momke, i tako kvare prećutni sporazum po kojem se izbegava sve ono što briše granicu između krajnosti. Jer, da bi svet u kojem je profit vrhunsko božanstvo uopšte opstao, potreban je konstantni pogon rata. Samo rat obezbeđuje nove cikluse, daje zamah nauci i tehnologiji, oživljava industriju, podstiče ubrzanu potrošnju, svejedno da li su to oružje, lekovi ili novine. Jedini uslov je da uvek postoje Mi i Oni. I da bude što manje onih koji bi da opstanu između, u bezdanu granice.

Da bi Mi i Oni mogli da opstanu, potrebni su posrednici, samoproglašeni portparoli žrtava ratnog pakla, koji će svedočiti onako kako to od njih budu tražili njihovi nalogodavci. To je posao za profesionalne mirovnjake, za ljude od pera, za pesnike i publiciste, za putujući teatar parazita koji se hrani žrtvama. Oni se obraćaju malim običnim ljudima, onima koji idu linijom manjeg otpora, sklonim nacizmu i svakoj drugoj totalitarnoj ideologiji. Mali obični ljudi žele da se utope u masu, jer to ne boli, i tako se ni na koji način ne ističu, budući da to nekad zna biti opasno, posebno u mračnim vremenima. Biti uvek u većini, izbeći ličnu odgovornost. Zaštititi se tendom kukavičluka, konformizma i oportunizma.

Ja sam odrastao u svetu malih neobičnih ljudi, koji se ne mire sa nepravdom, svejedno da li se događa njima, ili nekim neznancima na drugom kontinentu. Moja majka bila je primerak tog malog neobičnog čoveka koji ne pristaje da se povinuje goloj sili; imala je hrabrosti da se usprotivi gomili, bilo na plaži ili u bioskopu; vodila je unapred izgubljene bitke; nikada nije posustala.

Prelomni događaj u mom detinjstvu desio se kada sam u jednoj enciklopediji otkrio da je u prerijama Severne Amerike pre Kolumbovog doba živelo blizu dvadeset miliona Indijanaca. Četiri veka kasnije njihov broj sveo se na pola miliona zatočenika u rezervatima. Patio sam zbog toga. Zavetovao sam se da ću ih jednom, kada odrastem, osvetiti. Da ću istražiti i popisati zločine koji su nad njima počinjeni. Sačuvaću od zaborava, u svojim budućim romanima, indijanske ratnike.

Gledao sam i pamtio. Dugo sam se spremao za zanat spisateljski.

Mama je verovala u moć pisane reči. Na svim knjigama koje mi je poklonila stoji posveta: *Draganu od mame*. Nije propuštala da se potpiše i na pojedinačnim primercima višetomnih izdanja, pa tako trinaest njenih posveta krasi Prustovo *U traganju za izgubljenim vremenom*.

Draganu od mame stoji i na osam tomova odabranih dela Sigmunda Frojda. I na sva tri toma *Vinetua* Karla Maja, kupljenim u jednoj ljubljanskoj knjižari.

Da je mogla, upisala bi se i na logaritamskim tablicama. Koliko puta je sa mog stola uzela knjižicu tvrdih korica boje prašine, i sa strahopoštovanjem izgovorila imena autora.

„O. Šlemilh i J. Majcen." A zatim je sledio uvek isti komentar. „Ako je neko zaslužio da mu se zna puno ime i prezime, onda su to oni."

Bila je očarana kolonama višecifrenih brojeva. Po tablicama urediti svet. Svakome danu dati šifru. To je bio njen san.

Jutro pred odlazak na maturski ispit iz matematike, svečano mi je saopštila njihova imena: Oskar i Juraj. Ko zna koliko dugo je čuvala taj podatak da bi ga saopštila baš tada, u času kada mi je trebalo ojačati samopouzdanje. Bila je toliko fascinirana slučajnostima i koincidencijama da ih je često sama proizvodila. Međutim, udeo lažiranja nije dovodio u pitanje regularnost samoga događaja.

Ustanovila je svoju privatnu kabalu, u čije zakonitosti nisam uspeo da proniknem. Hvalila se da je kao devojka, letujući na Jadranu, unapred znala kako će joj proći odmor po broju sobe koju bi joj na recepciji dodelili. Imala je svoje dobre i loše brojeve.

Četiri decenije nakon mature, na mom noćnom ormariću u hotelu *Skaleta* knjižica Oskara Šlemilha i Juraja Majcena. Trijumf mamine kabale! Broj četiri: simbol vernosti i discipline, dobre organizacije i opreza.

„Reci, da li to može biti slučajno?", čujem joj glas. „Baš posle četrdeset godina da ti Goran Ban vrati tablice."

Negodujem. Stalno je nešto umišljala, nikada se nije suočila sa svetom oko sebe. Borac za istinu koji je čitav život proveo u lažima i zabludama.

„Bog s tobom", kaže uvređeno.

Upućuje mi onaj svoj skrušeni pogled, kada bi se za trenutak razgolitila, pokazala svu svoju nemoć: oči joj se ovlaže, usne podrhtavaju na ivici plača, a dlanovima sakuplja nevidljive mrve sa stola. Izgledalo je da se povlači, prihvata poraz, suočava se sa zabludama. Međutim, bio je to deo njene strategije, da od sagovornika prećutno izbori *time out*, da uzme vazduh, i sjuri se u konačni obračun.

„Ako je tako, šta ti radiš ovde? Zašto nisi u Beogradu? Ne poznajem većeg lažova od tebe. Tolike knjige si napisao samo da bi imao gde da se sakriješ."

Nastavlja dalje, vešto koristeći moju neodlučnost da joj se suprotstavim.

„Bioskope su ugasili. Robnu kuću zatvorili. Vozove ukinuli. Pulu više ne mogu da prepoznam. Ostalo je samo groblje. Tamo se barem zna red. Ono što se nekada mislilo da je štetno po zdravlje, sada ispada da je zdravo. Svet se vrti u krug. Ljudi je sve više, a pameti sve manje. Reci, zar nisam u pravu? Čim više ne možeš da nađeš svoj broj na konfekciji, znači da si otpisan. I ne zavaravaj se da su ti se ramena suzila a noge okraćale. Jednostavno, nema mesta za sve. Stigao fajront. Eh, kada bi ti mogao kao ja, pošteno, bez kalkulacija, pa makar sve izgubio. Jeste, nisam mogla da podnesem da mi nepoznati ljudi vršljaju po ormanima. Brinula sam o posteljini, o priboru za šivenje, o garderobi, o svim onim divnim knjigama, o violinisti od modrog kobalta. Znaš li da je i Vilerova *Zima* ostala u Pomeru? Ništa neće biti na svom mestu. Naša kuća je sada vagon u Vinkovcima. Lakše mi je da je nemamo nego da gledam sav taj haos. Možda sam luda, ali nisam glupa. Odlasci su uvek konačni."

Čujem u sluhu njen glas, neprekidno brujanje reči. Iskrsavaju prizori. Mama, sestra i ja trčimo za vozom. U mraku bioskopske dvorane tražimo slobodna sedišta. Oko nas neguduju. Na kupalištu Stoja, goli prolazimo kroz špalir kupača. Smeju nam se i dobacuju. Na kraju staze je skakaonica koja podseća na vešala.

„Draga suseda, nemojte se nervirati, govorila mi je Lizeta onog jutra u Puli nakon što smo saznali da smo pokradeni. Tako vam je to u životu. Meni je čitav grad nestao, a vama nekoliko kofera. Ono što je u koferima, to kući ne pripada. I da znaš, bila je u pravu. A ti? Misliš da ne vidim kuda si krenuo? To nije isleđivanje, to je lažiranje! Gde ti je sestra? Valjda se i ona za nešto pita? Daj malo nju da čujemo da li je sve baš tako kako ti tvrdiš. Nisi jedini svedok. Svuda bi da samo odškrineš, ili pritvoriš vrata, kako ti već odgovara. Hajde jednom, širom ih otvori, pa onda zalupi da se sve trese. Slušaj, to što radiš ima smisla samo ako, posle svega, odatle konačno zauvek odeš."

Zadivljujući je bio njen napor da unapred smisli odgovore na pitanja nevidljivih oponenata. Kao đače bi se preslišavala da nije nešto zaboravila. U svakom trenutku imala je spremljenu milostinju za prosjake, odvojene zavežljaje starih stvari za Ciganke, rakiju za poštare. Koliko li joj je emotivni život bio prazan kada je za svaku glupost imala emociju! U neprekidnoj potrazi za ljubavlju, da voli i da bude voljena, strašnu je zamku sebi napravila. Zarobila se

slikom o sebi koju je prethodno stvorila u svome okru-
ženju. Ukinula je mogućnost korekcije. Jer, po njenom
doživljaju sveta, samo sumnjive žene lakiraju nokte, odlaze
same u kafanu, puše, piju žestoka pića, više vremena pro-
vode sa prijateljicama nego sa vlastitom decom.

Zavideo sam toj deci čije su majke sumnjive, doteruju
se, i ostavljaju ih uveče same kod kuće. Moje i sestrino
detinjstvo odvijalo se pod haubom stalne majčine brige.
Sve je nadgledala i korigovala. Za sve imala vremena.
Obrušavala se enormnom energijom na ispunjavanje sva-
kodnevnih obaveza. Od jutra do mraka trajale su naše
generalne probe. Sestra i ja uvežbavamo replike, pokrete
i gestove zamišljenih likova u koje bi trebalo da se jed-
nom pretvorimo, kada odrastemo i krenemo sigurnim
stazama isplaniranog života. Iz suflerske kabine dopire
mamin glas.

A onda, na putovanjima vozom, tokom letnjih raspu-
sta, kada su se u prenatrpanim kupeima za svega nekoliko
časova uspostavljala poznanstva – u čemu je mama bila
neprevaziđeni majstor – slušao sam po ko zna koji put
repertoar kojim je ona uzimala učešće na simpozijumima
putnika *Jugoslovenskih železnica*. Izmišljala je neverovatne
priče. Vrlo brzo bi impresionirala sagovornike u vozu.
Uskoro se samo njen glas čuo. Sa nevericom sam otkrivao
ogromnu razliku između onoga što jeste bio naš život, i
onoga što je mama izlagala pogledu okoline.

Sestra i ja bili smo njeni trofeji. Naš uspeh bio je smisao
maminog života. Sve što joj na ličnom planu nije pošlo za
rukom, pokušala je kroz decu da nadoknadi. Hvalila nas
je preko svake mere, predviđala nam uspešne karijere.
Saputnici su nas sa divljenjem gledali. Osećao sam se kao

na pijaci robova. Čestitali bi mami na tako vaspitanoj deci. Obuzimao me je užasan stid. U vozu, kao i na plaži, bili smo mali porodični cirkus koji izvodi predstave.

Čitavi konvoji opštih mesta ispunjavali su mi sluh. I danas, nakon pola veka, saplićem se o besmislice koje guše svaku moju misao. Nikako da se oslobodim zaostavštine stečene na tim putovanjima, teskobe koju je u meni izazivala prisnost nepoznatih putnika, njihove dosadne priče. Već tada su postojale nevidljive granice, u vazduhu se osećalo kada voz kod Tovarnika izađe iz Srbije, ili kada, posle Zidanog Mosta, uroni u četinarske šume Slovenije. Obrisi fasada baroknih gradova isijavali su mnogo više od strogosti, reda i čistoće. Zapt i stegnutost severa nestali bi u vrevi Južne pruge. Posle Stalaća disao je Orijent.

Toliko je mnogo inostranstava bilo na domaćim prugama. Ali, putnici srednje klase to nisu primećivali. Njihova zemlja bila je iz jednog dela. Tako su oni verovali, svejedno da li su živeli u Ptuju ili Vranju, Zenici ili Varaždinu, Splitu ili Kumanovu, Titogradu ili Kikindi.

Još uvek sam u tom vozu, ogrezao u stegama realizma; uzaludno pokušavam da siđem, da stavim tačku, pređem u novi red, otvorim novo poglavlje.

Pogubili su se likovi iz zagušljivih vagona *Jugoslovenskih železnica* od pre pola veka. Nema ih više ni u romanima. Književnost je više naklonjena negativnim junacima nego onima koji nastanjuju monotone svakodnevice.

„Život kažnjava one koji bi da unesu malo reda, znam ja to", kaže mama. „Vekovima su nas spaljivali. Svetina je navikla da joj se povlađuje, uvek ima opravdanje i razumevanje za slabosti i nepočinstva, voli one u kojima se prepoznaje, koji je ne opterećuju visokim zahtevima i moralnim načelima. Takve je lako slediti i voleti. Danas se svako stidi dobrote."

Prošao je Kanfanar, Divača, Postojna, Ljubljana, Zidani Most.

Prošao je Zagreb, Novska, Slavonski Brod, Vinkovci.

Prošla je Pazova, Stara i Nova, prošli su Batajnica, Zemun, Novi Beograd.

Davno se okončalo ono poslednje putovanje *Jugoslovenskim železnicama* od Pule do Beograda. Međutim, smerovi su ostali. Ista je to geografija. Samo se administracija promenila. A sa njom zastave, himne, uniforme. I naravno, granice.

Na prozoru hotela *Skaleta* podnosim izveštaj o zemlji čiji sam režim prezirao. To čini osoba koja je stisnutih usana prećutala vojničku zakletvu na poligonu kasarne u Ćupriji jednog ledenog januarskog dana 1978. godine; osoba koja nikada nije otišla na Titov grob; osoba koja nije bila član Saveza komunista, pa samim tim nije ni posedovala onu volšebnu potvrdu o moralno-političkoj podobnosti, bez koje je teško bilo dobiti zaposlenje; osoba koja je tokom pet godina traženja stalnog posla bezuspešno konkurisala u desetinama novinskih redakcija, na radiju i televiziji, po bibliotekama i školama.

I sada, ta osoba bi da sačuva od zaborava jedno vreme, nimalo gore od onog koje je došlo, vreme u kojem je većina živela pristojno; da se suprotstavi lažima patriota i profitera, onima koji su na snažnim mišicama hrvatstva i srpstva u mladosti tetovirali datume ulaska u JNA i trčali za Titovom štafetom, a kasnije bestidno revidirali svoju prošlost; da utuli dosadne priče o vremenu koje je moglo doći samo da je bilo manje kondicionala i konjunktiva, za šta su krivi oni drugi.

Ne, gospodo, nema tog vremena gde biste bili samo vi, bez onih drugih, zbog kojih je sve tako kako jeste, uglavnom loše. Jer, uvek i svuda ste baš vi ti drugi, svejedno da li vaš zaštitnik nosi šubaru i zaudara na alkohol, ili u zelenom hubertusu i kožnim špilhoznama jodluje po pivnicama širom bivše Monarhije. Vi nikada niste persone, uvek ste samo jedan od mnogih, zbijeni u gomili, slabići u sigurnom zagrljaju mentaliteta. Zato slavite one koji su jedan od vas, prepoznajete se instinktom zveri, istim jezikom govorite, publika ste jedni drugima. Slutite da tako malo nedostaje pa da zamenite pozicije – da vi budete na naslovnicama i TV ekranima. Da stanete na čelo čopora.

Tog jutra na prozoru hotela *Skaleta* ukazao mi se roman koji sledim. Svi su bili tu, jedni pored drugih: stric Dragomir, Hiterotovi, Vesko Krmpotić, grof Milevski, Lizeta, urar Maleša, mama, sestra, otac... I ja, koji nastavljam priču započetu u maminoj svesci nestaloj u Vinkovcima. Tamo gde je zabeležen jedan zadati, nikada ostvareni život.

Ne mora uvek da postoji zaplet. I obavezno iznenađenje na kraju. Da se nešto krucijalno promeni. Iskustvo govori drugačije: nikada se niko nigde nije promenio. Uvek i svuda ostaje se isti. U tome i jeste tragičnost života. Budala se neće opametiti, niti će lopov postati pošten. Dobrota i mudrost nepotrošive su kategorije. Zloba i licemerje, takođe.

A mama kaže: „Misao je brža od svega, i ja ne mogu da izađem iz te brzine. Zato ne čekam da se čudo dogodi, već idem dalje, analiziram svaki minut. Živim u skladu sa svemirom."

II

1.

Imao je blizu šezdeset godina kada je shvatio da starost ipak postoji. Kakva bliskost sa sobom! Konačno je pronašao čvrstu tačku. Nema više ni pre, ni posle; ni brzo, ni sporo; ni bolje, ni gore. Samo trenutak u kojem jeste.

Zavoleo je život unazad.

Otkriću je prethodila svađa sa sestrom. Kakvim čudom je ona pročitala odlomak iz romana objavljen u jednom provincijskom časopisu, to mu je zauvek ostala enigma. Nikada je nije zanimala literatura. U osnovnoj školi prepričavao joj je knjige iz lektire. Kasnije, tokom njenih pet godina u srednjoj muzičkoj školi, pisao joj je sastave iz književnosti.

Bez najave, samo je jednog popodneva banula u njegov stan, i još sa vrata otpočela monolog. Kako ga nije sramota da piše takve laži? Da iznosi intimu svojih roditelja? Zar mu ništa nije sveto? S kojim pravom i nju pominje? Ne, ne zanima je šta je to *ich forma*, a šta umetnička istina. U njenom svetu postoji samo jedna istina, ona koja se u stvarnosti dogodila. Kakva drskost sumnjati u zvaničnu verziju? Sve ono što se ne sme izložiti pogledu drugog, ukoliko se ipak pokaže, ima status laži. Jeste, baš tako misli! Kako se drugačije zaštititi od nasrtljivaca kao što je on? Svako ima pravo na tajne koje se nikome ne poveravaju. Na šta bi svet ličio kada bi svi svoje ispovesti iznosili na pazar?

„Ti si piljar! Ali, ako si baš odlučio da se tako bespoštedno obračunaš sa sobom", nastavila je bez daha, „kako to da si prećutao svoj staž u Savezu komunista? Nisi bio punoletan? Pa šta? Nije ti to olakšavajuća okolnost. Zar je tvoj prljavi veš čistiji od drugih?"

„Jeste, u trećem razredu gimnazije primljen sam u Savez komunista. Svečana dodela knjižica bila je istog dana kada i kontrolni iz matematike. To je bio moj jedini motiv, izbeći kontrolni", pravdao se. „Nisam otišao ni na jedan sastanak, pa su me posle tri meseca izbrisali iz evidencije."

„Pa zašto to nisi pomenuo u romanu? A mojih sedamnaest petica nisi zaboravio. Meni je tada bilo osam godina, upola manje nego tebi kada si postao član Saveza komunista."

On ćuti. Ona nastavlja.

„Nije mama kriva što si slab plivač. I kako si nas prikazao, kao maskote."

„Ali, Neno, to jesmo bili mi…"

„Ne pominji mi ime! Nigde! Jesi razumeo?!"

Odjednom, na njenom licu pogled majke. Nosnice joj raširene od besa, usne stisnute, glava iskošena, kao da cilja na kakvu tačku u prostoru. Još samo da savije dlan, i pokupi nevidljive mrve sa stola.

Kako ne shvata da je istina mnogo više od lepih reči? Prizvati dah vremena. Suočiti se sa slabostima, zabludama, iluzijama. Sagledati vlastitu prošlost bez lažiranja. Na pragu starosti otkriti prećutano i potisnuto, sve ono što je čitavog života bilo najdublji stid. Ima li nešto vrednije od toga?

Ona ćuti. On nastavlja.

Kao da je juče bilo, vidi je na crno-belom ekranu televizora. Čitavo njihovo društvo iz Gupčeve ulice okupilo se tog nedeljnog jutra kod Lizete da gleda prenos festivala *Djeca pjevaju – Zagreb 1964*. Njena pesma je o bubamari. Nosi haljinicu sa krilima od tila. Sve je to bila mamina kreacija. Ne samo kostim, već čitav scenski nastup.

„Njena je ideja bila da sve vreme prstima dodiruješ rubove haljine, da povremeno odlutaš pogledom negde gore, da se često osmehuješ. Sećam se kako te je kod kuće preslišavala. Ti si pevala, a ona je određivala pokrete za svaku strofu.“

„Na generalnoj probi u zagrebačkom studiju bila sam najbolja. Lako sam stigla do finala, međutim, nisam osvojila prvu, kao što su svi predviđali, već treću nagradu.“

„Mama je bila očajna.“

„Ti znaš? Bio si tamo?“

„Sećam se kako ste kao pokisle doputovale iz Zagreba.“

„Ali, nismo bile očajne“, kaže sestra. „Meni je najzanimljiviji bio lift u hotelu. Stalno sam se vozikala gore-dole. I nemoj sada da mi tumačiš simboliku. Ništa to čudno nije. Prvi sam put u životu videla lift.“

„Trebalo je da te pusti da budeš prirodna, a ne da ti nameće svoj scenario. Ugušila ti je spontanost.“

„Možda tada, u tom vražjem finalu, pa šta? Ali ja se nisam primila. Uvek sam radila ono što sam htela. Ne kao ti, ono što bi mama htela. Znaš li ti da si ista ona? Kao preslikan. Kada se nečega uhvatiš, ne puštaš. Ej, čega si se ti setio, mog finala od pre pola veka. I kažeš, mama bila očajna?"

„Jeste. Zar si zaboravila ona naša putovanja vozom, kada nas je preko svake mere hvalila? Uvek je isticala da si na dečjem festivalu u Zagrebu osvojila prvo mesto."

„Pa dobro, u čemu je razlika između njene laži o mojoj pobedi na festivalu, i tvog prećutkivanja tromesečnog staža u Savezu komunista?"

Pogledala je na sat. Mora odmah da krene. Zakasniće na roditeljski sastanak.

„Mama je samo korigovala svakodnevicu prema svojim merilima pravičnosti. Želela je da svet učini boljim. Nije bila licemer. Ni gubitnik", rekla je na odlasku. „Mene više da nisi pomenuo!"

2.

Stigao je u Pulu jednog vetrovitog martovskog jutra noćnim autobusom iz Beograda. Peške se uputio do hotela *Skaleta*. Točkovi kofera proizvodili su neprijatan zvuk dok je prelazio kratko rastojanje od stanice do hotela u kojem je, četiri meseca ranije, proveo čitavu sedmicu. Činilo mu se kao da je godina prošla od Sajma knjiga i onih tumaranja gradom svog odrastanja. Rano popodne otišao je do glavne pošte, i na šalteru Post restante podigao pismo poslato mesec dana ranije.

Sa praksom pisanja pisama samome sebi započeo je još u gimnaziji. Navika preslikana od suverena. Kad god bi Jugoslavija upala u neku krizu, Tito se obraćao radnom narodu. Jednom je to učinio kroz formu otvorenog pisma, objavljenog u svim novinama, najavivši naporan period koji se samo novim reformama može uspešno savladati. Pominjao je velika odricanja, kako bi sutra svima bilo bolje. Međutim, reforme su sprovođene tako da se ništa suštinski ne promeni. Ta je predstava igrana skoro pola veka.

Ni njegova nije kraća. Igra se još uvek.

Jednom godišnje, uoči letnjih ferija, napravio bi spisak propusta i grešaka, izvršio korekcije, počevši od navika koje je trebalo usvojiti – jutarnja gimnastika i ostavljanje pušenja – pa do novih strategija prema devojkama. Na kraju su na red dolazila pitanja za budućnost. Kakav će život kroz pet ili deset godina voditi? U kojem će gradu živeti? Sa kojom ženom? Hoće li biti zdrav?

Pismo bi odložio među korice nasumice odabrane knjige. Smisao rituala bio je da jednom, u budućnosti, sumira pređeni put. Dešavalo se da i posle čitave decenije otkrije vlastiti glas iz prošlosti. Koliko nepotrebnih briga, zabluda, strahova. Stvari su se uglavnom rešavale same od sebe. Konstatovao bi da je i dalje na pravom putu. Život je pred njim. Nove igračke iz Kalifornije još uvek čekaju u sanduku.

Sam sebi treće lice.

Ludak se ne postaje. Ludak se rađa. To je kao apsolutni sluh. U svakom času imati pravu intonaciju. Uvid u stanje stvari svuda oko sebe. Ne postoje prioriteti. Sve ima istu težinu. Ništa nije važnije.

Prisilne radnje održavaju kontinuitet. Biti usredsređen na održavanje higijene. To je slabo mesto amnezije. Tako se dobija bitka sa demencijom. Posebno je važno zaštititi se na putovanjima. Predvideti moguća iznenađenja.

Počelo je s aspirinom i kišobranom. Kasnije su na red došli suva presvlaka i fen. Završilo se peglom i kaloriferom. Ne, nije u pitanju osobenjaštvo, već zdrav razum. U hotelima tokom međusezone zna da bude veoma hladno. Mali kalorifer rešava problem. I tako je postao stalni rekvizit putovanja.

U prethodnom životu sigurno je bio Nemac. To je naslutio već prilikom prvog boravka u Minhenu. Nikada nije bio opušteniji. Kasnije, živeći u Nemačkoj, suočavao se sa njemu tako bliskom logikom anticipiranja mogućih neprijatnosti, i konstantnim pokušajima njihovog sprečavanja. Taj korak unapred, ta potreba da se predvidi sledeći trenutak, dovodili su ga do ushićenja.

Peroni železničkih stanica podeljeni su na sektore; u svakom tabla sa rasporedom vozova koji kreću sa određenog koloseka: broj kompozicije, vreme polaska, pozicije vagona. Putnik koji ima rezervaciju tačno zna na kojem će se delu sektora njegov vagon zaustaviti.

Samo Nemci umeju sve da predvide. Zaljubljeni su u alat. Zbog jednog jedinog šrafa koji će možda nekad pričvrstiti, kupuju set od dvadeset šrafcigera. Obožavaju svaku vrstu pomagala, i stalno ih usavršavaju, svejedno da li je to aparat za brijanje, nova generacija bestežinskih kofera, ili otvarač za konzerve. Do te mere su fascinirani svime što olakšava život da to u nekom času postaje nepodnošljivo. Na primer, mašina za sakupljanje lišća. Proizvodi nesnosnu buku dok sa staza i betoniranih površina oduvava suvo lišće, koje se zatim sabira na gomile, da bi se posle utovarilo u vozila. Zvuk te sprave gori je od zavijanja kosilice za travu.

Sa prozora hotela u Majncu posmatrao je đubretara u modrom kombinezonu kako širokim crevom proteruje opalo lišće sa parkinga. Na ušima je nosio štitnike protiv buke. Podsećao je na pilota. Taj prizor nije više mogao izbrisati. Đubretara iz Majnca prosledio je bogatoj kolekciji likova koji su ušetali u njegov život bez ikakvog povoda. Pamti ih, kao što urar Maleša pamti Kardeljeve bezbednjake u tamnim sakoima na avgustovskom suncu. Da li je to način da se sačuva glava? Recept za neučestvovanje u životu?

U svakom ludilu leži čežnja za redom.

Na putovanjima se njegova kolekcija obično uznemiri. Izrone iz sećanja likovi davno uhvaćeni u prolazu. Kao onaj pripiti starac na autobuskoj stanici u londonskoj četvrti Kemden Taun. Prišao mu je i zatražio deset penija. U tom času pojavio se autobus za Patni. U žurbi se mašio za džep, i tutnuo starcu kovanicu od dvadeset penija. Dobivši više nego što je tražio, starac je imao potrebu da, osim uobičajenog „hvala", pruži dodatni gest zahvalnosti, pa je egzaltirano izjavio da je linija 31 veoma korisna. Ostalo je nedorečeno da li se to *korisna* odnosi na darežljivost darodavca, koju je inicirao iznenadni nailazak autobusa, ili na samu liniju, koja dijagonalno povezuje dve udaljene londonske četvrti.

Zasun je pao. Na starca je zaboravio. Skoro četiri decenije kasnije, boraveći nekoliko nedelja u Pečuju, raspituje se, u informativnom centru, da li postoji turistički autobus za razgledanje grada. Postoji vozić, ide sa glavnog trga, kaže mu devojka na šalteru, na dobrom engleskom. Ili autobuska linija 31, koja vodi od železničke stanice pa sve do visova iznad grada, odakle se pruža divan pogled. Veoma korisna linija, kaže osmehujući se.

Otkopan je iz dubina memorije starac iz Kemden Tauna. Ista reč, na istom jeziku, u istom značenju upotrebljena. Isti i broj – 31. Život je premrežen slučajnostima, neobjašnjivim vezama, tajanstvenim znacima. Od takvih trivijalnosti izgradio je sumnjivu metafiziku, okovao se sujeverjem i vradžbinama. Na ulici je brojao korake, u kućama stepenice, uveče pred spavanje rešavao je ukrštene reči. Preventivno se borio protiv demencije sledeći uputstva iz beležaka nepoznatog gosta iz hotela *Garibaldi* u Veneciji, po kojima su vežbe nabrajanja najefikasnije sredstvo za očuvanje memorije. Nasumice bi odabrao neko slovo i onda, u roku od jedne minute, pokušavao da nabroji dvadeset reči koje počinju tim slovom, a da nisu vlastita imena.

Izašavši iz pošte uputio se rivom u smeru hotela *Rivijera*. Tamo, na kamenoj klupi iz vremena Italije, njegova majka sumirala je pređeni put. Tamo je početak putovanja koje i njemu predstoji, još od dana kada je došao na Sajam knjiga u grad svog odrastanja. Stigao je ponovo, četiri meseca kasnije, ovog puta inkognito. Pustio je bradu. Od zimus je veoma smršao. Mnogo puši. Niko ga nije prepoznao, čak ni njegov drug iz gimnazije Goran Ban, sa kojim se jedne večeri mimoišao u Kandlerovoj ulici.

3.

Jednog sparnog avgustovskog jutra isplovio je iz tršćanske luke parobrod Patras, na tek uspostavljenoj liniji za Pirej i Solun, sa pristajanjem u Puli i Zadru. Pisala se godina 1923. Među putnicima je mlada žena kao zift crne kose i tamnih očiju. Njeno ime je Lizeta Benedeti. U italijanskom pasošu piše da je rođena u Solunu, 11. novembra 1897, stalno nastanjena u Trstu, u Via Kavana 34.

Dok se brod udaljava od obale, posmatra visoku grbu San Đusta, i kuće na visovima. Pogledom klizi niz padine. Otvaraju se strme tršćanske ulice kao stranice poznate knjige. Zastane u mislima na nekoj od njih, uroni u pasus – park ispred Gradske biblioteke, ili u strmoj Via Donota, iznad iskopina rimskog pozorišta, vidi svog prvog momka, Etora, sa kojim se samo ljubila. Kasnije se grad širio, kako je popuštala paska staratelja koji, nakon one avgustovske katastrofe – razvučene u tri plamena dana i noći – nisu više imali kome da podnesu izveštaj za godine staratelj-stva nad mladom rođakom. Neizvesnost i nada da je neko od solunskih rođaka preživeo požar, potrajaće nedeljama. Tragali su za njima preko Crvenog krsta i jevrejskih organizacija. Najviše nastradalih bilo je u kvartovima u zapadnom delu grada, i uz more, gde su kuće do temelja izgorele. Baš u blizini rive Lizetin otac vodio je porodični hotel, a njegov mlađi brat držao je, u Ulici Egnatia, najveću trgovinu kafom u Solunu. Niko od Benedetija nije preživeo požar.

Stigla ih je kazna božja, ponavljao je u sebi tršćanski rođak Mauro, trgovac začinima i vlasnik pržionice kafe, redovni posetilac sinagoge na Pjaca Đoti. U porodičnom predanju sačuvala se priča o Ambrođu Benedetiju iz Ankone, koji je nakon očeve smrti nasledio veliko bogatstvo. Otišao je u Tursku i u Solunu otvorio hotel. Nije mnogo držao do Mojsijeve vere. Oženio se Grkinjom. Tokom jednog veka njegovi potomci mešali su se čak i sa Turcima, tako da više nisu znali ni ko su, ni odakle potiču. I ne samo što nisu znali, već se o tome nisu ni pitali.

Lizeta, jedini živi Ambrođov potomak, naslednica dividendi solunskih Benedetija u pržionicama kafe tršćanskih rođaka, otkriva prevaru, i na nagovor svog advokata postiže vansudsko poravnanje. Neko vreme živi u kući porodice Hiterot, čija je mlađa ćerka Barbara njena najbolja prijateljica. Upravo je Barbara prva posumnjala u visinu nasledstva koje je Lizeti trebalo da isplati njen staratelj Mauro Benedeti.

Nekoliko godina posle završene priče sa nasledstvom, Lizeta je na palubi parobroda Patras, u okruženju poznatih reči koje razmenjuju mornari između sebe. Brod je grčki. Matična luka: Solun. Epilog devet tršćanskih godina u kojima je mnogo teskobe, jedno veliko ljubavno razočaranje, nekoliko flertova, prijateljstvo sa Barbarom, potpuni raskid sa srateljima nakon saznanja da su je sve vreme potkradali. Međutim, ono što je čini postojanom i snažnom jeste uspešna sezona u horu opere Teatra Verdi. Obećan joj je i stalni angažman, ali pre nego što otpočne novi život, mora da stavi tačku na prethodni. Tačnije, na onaj koji je prethodio prethodnom.

Okončanjem rata našla se u drugoj državi, sve vreme se ne pomerajući iz Trsta, baš kao što je i njen rodni Solun uoči svetske katastrofe osvanuo unutar novih granica, pod drugom zastavom. Ni ne sluti da će konstanta njenog života biti putovanja kroz države koje će se rađati i nestajati. Tokom osam decenija sakupiće čitavu kolekciju dokumenata: boravišnih prijava i odjava, ličnih karti, punomoćja, radnih i zdravstvenih knjižica, dozvola, testamenata i pasoša. I biće, kao i njen otac, ravnodušna na zastave i himne, uvek se pitajući zbog čega fotografije suverena nisu veličine poštanske marke.

Ne možeš nikoga pustiti bez odjave, govorio je otac.

Uredno je vodio knjige gostiju. U spremištu iza recepcije nalazio se porodični arhiv, još iz vremena kada je pradeda Ambrođo Benedeti, stigavši iz Ankone, otvorio u Solunu prvi evropski hotel. Znala je da se iskrade u to spremište bez prozora, sa okruglim stočićem u uglu, i lampom. Uzela bi nasumice neku od teških knjiga, dugo listala požutele krte stranice sa nizovima imena, adresama, brojevima putnih isprava, datumima dolazaka i odlazaka. Sve je bilo tu. A opet, ništa nije bilo. Samo slova i cifre. Čitav grad bio je jedan veliki hotel, u kojem se mešalo mnogo jezika, gde su deca imala po dva imena, jedno za ulicu a drugo za kuću, *i gde niko zapravo nije bio na svojoj teritoriji. Svi su oni živeli na ničijoj zemlji, na planeti Solun.*

Odatle sigurnost koju su joj pružala dokumenta, pogled na vlastito ime ispisano u pasošu, na bankovnom čeku, boravišnoj dozvoli, brodskoj karti. Postojanje je nezamislivo bez potvrde koja legalizuje prisustvo, svejedno da li u vozu ili hotelu. Do poslednjeg trenutka lomila se da li da na ovaj put ponese kutiju sa fotografijama – ne zato što bi to opteretilo njen prtljag, već zbog sujevernog verovanja da nije dobro rastati se, makar i privremeno, od vlastite prošlosti. Na kraju je odlučila da se bez tih papirnatih uspomena, koje su bile njena jedina čvrsta teritorija, suoči s onim što je čeka u gradu koji je napustila četrnaest godina ranije. Kutiju sa fotografijama poverila je na čuvanje svojoj najboljoj prijateljici Barbari.

Na palubi broda Patras priseća se kako je sa majkom putovala, vozom, iz Soluna za Beč. Dugo čekanje na tursko-srpskoj granici. Zatim, u Beogradu, presedanje u Orijent ekspres. Hotel na šinama. U Budimpešti ih u vozu posećuje jedan gospodin. On i majka dugo razgovaraju u hodniku vagona. Kada su te večeri doputovali u Beč, učinilo joj se da je, za trenutak, tu istu osobu videla na peronu. Ili je priviđenje bilo posledica silnih uzbuđenja tokom puta? Pre nego što je, nekoliko dana kasnije, prešla u internat gospođe Haslinger, dešavalo joj se da u gužvi na Grabenu ugleda neki poznati lik sa solunskih ulica.

Beč je posle Soluna bio velika tišina. Očeva pisma su duga i iscrpna. Nakon Mladoturske revolucije, Solun je vrio kao vulkan. Na sve strane eksplozije, pobune, atentati. Što dalje od Balkana, u osvit dolazećih ratova. Očev gest da je sačuva. On, koji je na osnovu profesija gostiju i dužine njihovih boravaka predviđao kakva vremena dolaze, govorio je da je to što se sprema mnogo ozbiljnije od svih onih bugarskih i makedonskih terorista koji su nekoliko godina ranije pljačkali banke, podmetali bombe po brodovima i hotelima.

Hotel je bio očeva crkva. Čitavog života vodio je neku svoju statistiku. U Ksenodohion Egnatia odsedali su uglavnom trgovci i pomorski agenti koji su nedeljama, nekad i mesecima, po povlašćenim cenama boravili u prostranim sobama, pre nego što bi se trajno nastanili u Solunu. Oni bogatiji zakupili bi više soba, dovodili porodice, iz hotela vodili poslove.

Čitav jedan vek smestio se u knjigama Ksenodohion Egnatia, još od vremena prve registracije – pod imenom Albergo Benedetti. Istorija dolazaka i odlazaka. Taj prostor iza recepcije Lizeta će prepoznati u tesnoj kabini druge klase parobroda Patras. Na minijaturnom stolu nalazi obaveštenje da će se u Puli ukrcati saputnica sa kojom deli kabinu.

Ali, pre Pule je Rovinj. Na ispraćaju je obećala Barbari da će biti na palubi kada se približe Rovinju, kako joj ne bi promaknulo ostrvo Sv. Andrija, taj raj porodice Hiterot u kojem Barbara i njena majka sve češće borave, i gde nameravaju da se trajno nastane; gde i nju zovu da im se pridruži. Kasnije saznaje, od stjuarda, da brod ne plovi tako blizu obale. Jedino što će od Rovinja videti, sa pučine, jeste zvonik rovinjske katedrale.

Pre sledeće prijave treba ispuniti odjavu. Kao u hotelu. Tako je rekla Barbari na odlasku.

Eto je na putovanju na koje se toliko puta u mislima otisnula otkada je na naslovnim stranama novina, pored vesti sa ratišta, ugledala ime rodnog grada. Noćima ne spava. Progone je prizori izgorelih kuća. U polusnu joj se priviđaju nema lica oca i majke. Kao aveti lebde nad ruševinama. Kada je na dan njenog punoletstva okončan Veliki rat, Lizeta pravi plan odlaska u Solun. U međuvremenu, zahvaljujući Barbari i advokatu porodice Hiterot, otkriće da su je staratelji prevarili prisvojivši dividende očevog mlađeg brata, koji je sa ženom i decom takođe nastradao u požaru.

Gde ona zapravo ide? Da se suoči sa nestankom roditelja? Da konačno u sebi sruši Solun koji već šest godina ne postoji? Da uništi maketu, sa svim onim skrivenim uglovima utisnutim u sećanju. Da se odjavi iz tog avetinjskog grada. Da se odjavi iz porodice.

Odjaviti se može. Ali, kako sa nestankom da se suoči? Nestanak nije kraj, već crna rupa. Grotlo neizvesnosti.

I koga onda ona zapravo ima? Pitomice internata gospođe Haslinger. Pritvorne tršćanske rođake. Njen svet su hladne spavaonice, bojažljivi dodiri, šapati, promukli glasovi.

Dvanaest godina u sigurnoj školjki doma. Otkriva obližnje ulice, bioskop na trgu pored robne kuće Moreno, senovite staze Bēšinarskih vrtova. Polako saznaje da su otac i majka dva različita sveta. On, kome je hotel bio sav život, koji se plašio gužve, izbegavao da prođe pijacom, uvek na ivici nesvestice, u paničnom strahu od čopora. I ona, u stalnoj potrazi za avanturom. Pod izgovorom da kontroliše poslugu, nestajala je u nekoj od soba. Da je po dva-tri dana nigde nema, ni u hotelu, ni u kući. I tada je čitav prostor njihovog stana bio ispunjen blagošću i mirom, kao da su u crkvi.

Živeli su u dvospratnici preko puta hotela. Sa prozora svoje sobe devojčica Lizeta posmatra fasadu, čeka u zasedi da se u nekom od prozora za trenutak pojavi gost, ili poznato lice sobarice. Nekad ugleda i majku.

U trpezariji je portret Ambrođa Benedetija. U njegovoj dugoj bradi krili su se bezimeni preci. Na majčinoj strani krčmari iz Trakije, izmešani Grci i Turci, koji su samo u Solunu mogli da budu spokojni, jedni pored drugih.

Lizeta stoji na palubi Patrasa i posmatra istarsku obalu. Da bi mogla dalje, prvo se mora suočiti sa jednim ništa. Jedino ona postoji. U pamćenju nosi dva bića iz kojih je nastala. I onaj portret Ambrođa Benedetija u salonu. I sve one cifre u hotelskim knjigama u spremištu iza recepcije. Ko su bili prethodnici u dugoj koloni predaka? O njima je slušala od tršćanskih rođaka, koji su mogli rekonstruisati porodično stablo četiri veka unazad, od bekstva iz Španije, kada se rod Benedetija prvo zaustavio u Livornu, pa se zatim širio po Apeninima, sve do Rima, i na drugu stranu, prema Ankoni, Veneciji i Trstu.

Rođaci su se čudili njenom neznanju. Iako je razumela ladino, tako malo je znala o veri predaka. Tajno su je zvali la piccola Turca.

Pogled u talase sa palube broda jeste pogled u vreme prošlo. U istoriju. U očeva pisma. U Solun koji je vrio kao kotao. Posle skoro pet vekova pod Turcima, Grci preuzimaju grad. Stižu panduri i sudije sa Peloponeza i Krita kako bi ga što brže helenizovali. Pola godine kasnije, u martu 1913. godine, tokom posete Solunu ubijen je kralj Đorđe.

Na sreću, piše otac, atentator nije musliman, već mentalno poremećena osoba. Ali, tokom onih nekoliko časova, dok nije stiglo zvanično saopštenje gradskih vlasti, turski trgovci su panično zatvarali radnje i povlačili se u svoje kuće. Grad je zanemeo u očekivanju pogroma muslimanske zajednice.

Iako se pogrom nije dogodio, egzodus turskog stanovništva više se neće zaustaviti. Kada je godinu dana kasnije izbio svetski rat, grad su preplavile srpske izbeglice. Uskoro niču vojni logori. Solun je postao baza savezničkih armija.

Otac piše da je grad prenaseljen i tesan. Život se odvija kao u kutiji šibica. Ni igla nema gde da padne. Na sve strane vojnici, avanturisti, skitnice. Solun podseća na ogroman hotel niže kategorije; na svratište u koje se dolazi i odlazi bez prijave i odjave.

Na prozoru internata gospođe Haslinger, u bečkoj četvrti Debling, Lizeta podrhtava zbog istorije. Čitav svet zaljuljao se nakon atentata u Sarajevu. Neke pitomice preko noći napuštaju internat. Dan za danom stižu očevi telegrami. Javlja se i rođak Mauro Benedeti. Sa turskim pasošem, kojem je istekla važnost, Lizeta se seli iz Beča u Trst. Još uvek je to jedna zemlja. Na usputnim železničkim stanicama tišina od koje podilazi jeza. U Udinama kolporteri uzvikuju najnoviju vest: Austrougarska je napala Srbiju!

Stigavši kod staratelja u Trst, Lizeta otpočinje putešestvije kroz konzulate. Zahvaljujući vezama tršćanskih rođaka nabavlja portugalski pasoš, koji će joj biti jedini validni dokument tokom ratnih godina. Upoznaje Barbaru Hiterot i sa njom postaje nerazdvojna. A onda, u pretrpanom Solunu, u kome ni igla nije imala gde da padne, svoj put našla je varnica navodno izazvana nepažnjom u francuskom vojnom logoru. Kroz nekoliko časova Solun je bio u plamenu.

Nakon raskida sa starateljima, Lizeta neko vreme živi kod Hiterotovih. Noću ona i Barabara dugo pričaju, poveravaju se jedna drugoj. Kada, pet godina nakon okončanja rata, Lizeta krene na put u Solun, sa italijanskim pasošem – jer ona je sada građanin Kraljevine Italije – Barbara je prati na brod. Noć pre toga poverila je Lizeti svoju veliku tajnu. Njena sedamnaest godina starija sestra Hana, koja se pred kraj rata udala za jednog austrijskog grofa, i živi u Insbruku, provela je pre Barbarinog rođenja pet meseci u jednom ženskom manastiru u Tirolu. Posle je dugo boravila na ostrvu Sv. Andrija. Povremeno bi došla u Trst, a nakon smrti oca Georga preselila se u Beč. Hana je zapravo njena majka. A navodna majka Mari joj je baka. Ona to zna. Nikada joj nije rečeno. Međutim, aveti postoje. Od njih je saznala.

A Lizeta? Ima li ona neku tajnu?

Putovanje Orijent ekspresom od Beograda do Beča. Nepoznati muškarac na peronu stanice u Budimpešti. Majčin povratak u Solun potrajao je nekoliko nedelja. Ona to zna. Niko joj nije rekao, ali zna.

Barbara sa oba dlana stiska njen dlan, ljubi je u obraz. Te noći zaspale su zajedno.

4.

Sedi na kamenoj klupi u parku ispod Arene, na sigurnom odstojanju od mora. Strah od vode inicirao je ostale strahove. Učinio ga nemoćnim da se suprotstavlja. Bez odgovora na autoritet, priklonio se naivnoj veri da se odgovornošću može zaštititi od svega što ga ugrožava. Krio je vlastitu jeres, čuvao se za konačni obračun. Njegov ulog bilo je strpljenje. Pustio je u sebe čitave kohorte zaludnog sveta, gušio se od tolike praznine, i uporno, manirom rođenog misionara, vodio iscrpljujuće rasprave; umesto da se osami, da nikome ništa ne dokazuje; da bude ono što jeste: pesnik.

Osluškivač trotoara. Zagledan u staklenu kuglu vremena. Vidi i čuje one koji su pre njega tuda prošli.

Čitavi životi staju u stih. Vekovi između dva zareza.

Na početku mola, jedva stotinu koraka udaljena od kamene klupe iz doba Italije, i dalje se nalazi bitva, postavljena čitav vek ranije, u vreme kada Austrija gradi pulsku luku. Bila je na tom mestu i u septembru 1949. godine, kada je njegova majka, čekajući autobus za Rijeku, došetala do obale. U nekom trenutku našla se ta bitva u njenom vidokrugu, bitva za koju se dve godine ranije privezao tenkonosac Jugoslovenske ratne mornarice. Na palubi je mladi poručnik. Nadgleda mornare dok privezuju brod. Deceniju kasnije ista ta osoba – ovog puta u civilu, u trenčkotu i sa šeširom na glavi, izašla iz nekog Melvilovog filma – pridržava, sa obe ruke, dečaka koji stoji na bitvi. Otac i sin na crno-beloj fotografiji na čijoj poleđini piše: *Pula, 27. novembar 1959. god.*

Sa tog mola krajem 1946. godine počinje egzodus građana Pule, mahom Italijana. Brodovi *Toskana*, *Pola* i *Grado* tokom čitave zime prevoze izbeglice u Trst i Veneciju. Iz Pule ne odlaze samo živi, već i mrtvi: neke porodice ekshumirale su svoje mrtve, i ponele ih u Italiju.

Sa tog mola isploviće, pola veka kasnije, brod sa porodicama oficira Jugoslovenske ratne mornarice. Međutim, neće svi koji nisu Hrvati otići. Mnogi će ostati, promeniti lična dokumenta, nastaviti život na toj novoj, tako istoj teritoriji. Ipak, najviše je bilo porodica koje su se podelile – jedni su ostali, a drugi otišli – i tako dale zamaha neslućenim kombinacijama ličnih storija.

Za taj molo privezaće, u mislima, brod *Patras*, nastaviti priču o Lizeti, koju je obećao majci prilikom jedne od poslednjih poseta staračkom domu na Karaburmi, i koju sada u fragmentima ispisuje, tumarajući kroz vlastitu prošlost. Ta bitva je tek jedva vidljivi znak interpunkcije na partituri grada u kojem je odrastao. Život jeste rebus, zbirka artefakata, predosećanja i opsesija, naizgled nevažnih trenutaka upamćenih hirom sećanja.

Raspuštena kosa bake Danice kao duga brada Ambrođa Benedetija.

Okrugli prozori na zgradi bioskopa u Raši.

Beleška nepoznatog gosta o Alchajmerovoj bolesti, u notesu sa zaglavljem hotela *Garibaldi* u Veneciji.

Šeretski osmeh Aleksandra Tišme na peronu stanice u Hamburgu jednog januarskog dana 1993. godine, kao reakcija na ogroman kofer koji je teglio. Tri godine kasnije ponoviće taj osmeh, na užas publike i učesnika tribine „Jugoslovenski lavirint", u Kulturnom centru Tivoli u Gracu.

Zamišljen kao sučeljavanje pisaca iz bivše Jugoslavije, simpozijum je na samom početku debate napustio profesor Aleksandar Flaker iz Zagreba, u znak protesta zbog Tišmine izjave da je glavni motiv okupljanja svih učesnika dobar honorar. I publika je burno negodovala kada je novosadski pisac optužio medije na Zapadu za cinizam i licemerje sa kojim se odnose prema raspadu Jugoslavije, sve vreme pokušavajući da ratnu uniformu prikriju kostimom Majke Tereze.

Ali, tog sparnog avgustovskog dana 1923. godine, dok na pulski molo pristaje parobrod *Patras*, Tišma još nije rođen.

U gužvi na pulskom pristaništu je i dama četrdesetih godina, u bež kostimu sa šeširom širokog oboda. Ime joj je Matilda Kesinis. Isceliteljka i zvezdoznanac, ljubavnica grofa Milevskog. Prethodnog dana je u pulskoj bolnici dogovorila lečenje svog mentora, koji trune u zamku na ostrvu Sv. Katarina pored Rovinja. Sa njim je ostavila trinaestogodišnju ćerku Dionu, kao zalog da će se vratiti. Ima brodsku kartu za Pirej i pozamašnu svotu novca, velikodušni gest grofa Milevskog. U Pireju će sa bratom da podeli nasledstvo koje im je ostavio stric, vlasnik rebetiko bara, nekada i sam virtuoz na buzukiju.

Matilda nije samo negovateljica i ljubavnica, već jedina grofova veza sa svetom: on već godinama živi u potpunoj izolaciji. Ne prima posete. Ostareli sluga Sašenjka i tuce pasa čuvaju ostrvo od nasrtljivih radoznalaca, među kojima ima i lažnih naslednika iz Litvanije i Poljske. Dolaze iz Krakova, Beča, Verone i Sankt Peterburga, iz svih onih mesta u kojima je grof Milevski boravio, menjajući ljubavnice i državljanstva. I dalje živi u uverenju da ga je samo rat sprečio da od svog ostrva napravi elitni sanatorijum, raj poput obližnjih Briona.

Matilda je još na palubi upoznala putnicu sa kojom deli kabinu. Brod tek što je izašao iz pulskog zaliva, a dve dame su već uveliko pretresale svoje živote. Na obostrano zadovoljstvo govorile su grčki. Desetak godina starija Matilda preuzima ulogu savetnika. Tokom narednog sata razgovora figure su postavljene. Uređena je scena, zadovoljeni su uslovi priče. Javlja se i treći lik, fotografijom prisutna Matildina trinaestogodišnja ćerka Diona, koja će, deceniju kasnije, svoje melodično prezime Kesinis zameniti odsečnim Fažov, nakon udaje za klarinetistu mornaričke kapele pulskog garnizona. Ali, tog popodneva ona se igra sa grofovim psima, šeta po ostrvu; koristi poslednje dane letnjeg raspusta. Jer, kroz dve nedelje, kada se majka vrati iz Grčke, sledi povratak u tesan, mračan stan u Ulici Tradoniko u blizini pulskog brodogradilišta. Oca se ne seća. Nestao je u brodolomu kod Krfa godinu dana nakon njenog rođenja.

Vremena su se promenila, kaže Matilda svojoj saputnici. Neka se ne zanosi idejom da bi mogla da se vrati u Solun. Tamo su se naselili Grci iz Anadolije. Panduri sa Peloponeza zavode red. Velika je pometnja nastala nakon požara. Jevrejima nije dozvoljeno da obnove svoje porušene kuće, pa se većina iselila u Francusku, Portugaliju, Ameriku. Priča se da je požar namerno izazvan, kako bi se grad oslobodio Jevreja i Turaka. Najviše su stradali baš njihovi kvartovi.

Sa dugim letnjim sutonom povukle su se u kabinu. Lizetini prsti miruju na Matildinom dlanu dok zvezdoznalka kažiprstom desne ruke prati linije sudbine. Kasnije će istu priču ponoviti gledajući u karte. Izričita je u onome što govore i karte i dlan.

Izričit je i on, dok hitrim korakom žuri prema hotelu *Skaleta*, da misli iz glave što pre pusti na ekran laptopa. Konačno je izronio lik Matilde Kesinis, majke profesorke klavira Dione Fažov iz Ribarske ulice, stradale u savezničkom bombardovanju Pule 1944. godine. Njen portret visio je na zidu malog salona. Oštra linija nosa, koja bi tek u profilu dobila svoj pravi obris, diskretno je prikrivena u anfasu; jake obrve, čulne usne, i oči koje sijaju kao da su žive.

Kad god bi otišao, sa sestrom, u taj mračni stan visokih plafona, smestio bi se u salonu i odatle, kroz širom otvorena vrata, slušao kako u susednoj sobi sestra i profesorka

Fažov uvežbavaju pesmu o bubamari, za predstojeći festival *Djeca pjevaju – Zagreb 1964*. Na niskoj komodi nalazio se baglamas, mali žičani instrument sa tri para žica, ukrašen sedefom – relikvija nasleđena od Dioninog deda strica, koji je još kao dete stigao, sa porodicom, iz Smirne u Pirej. Bila je to jedna od priča profesorke Fažov. Nakon završenog časa, pili su čaj i jeli alvu. Nikada kasnije, na svojim putovanjima po Turskoj i egejskim ostrvima, nije okusio takvu alvu. Profesorka ju je pravila na način maloazijskih Grka, sa mnogo cimeta i s ružinom vodicom.

Prozori salona gledali su na vizantijsku kapelu Sv. Marija Formoza i park sa arheološkim iskopinama. A baš tu gde je park, nekada se nalazio sirotinjski deo starog grada – gust splet uskih ulica sa gostionama i barovima, koji se protezao sve do Foruma. Tokom savezničkog bombardovanja poslednje godine Drugog svetskog rata, većina tih zgrada bila je do temelja srušena. Odlukom gradskih vlasti, na tom mestu je posle odlaska anglo-američke uprave uređen park.

Jednog popodneva, nakon čaja i alve, Diona ih je iznenadila pozivom da pođu u park. Hodali su između borova i arheoloških iskopina. Objasnila im je da glavna staza, koja dijagonalno preseca park, sledi pravac Ulice Tradoniko. U toj ulici je odrasla. Pokazala im je poziciju gde je nekada bila kuća u kojoj su živeli. Sada se na tom mestu, uza samu ivicu parkinga, nalazio rimski sarkofag. Majka je poginula pred ulaznim vratima, u povratku sa pijace. Kuća je bila samo delimično oštećena, dok je njihov stan u prizemlju ostao netaknut. Kasnije je čitav kvart iseljen. Diona se požalila što u parku nema klupa, jer da ih ima, jednu bi dovukla u svoj bivši stan.

Ta rečenica mu se usekla u pamćenje. Nekoliko nedelja kasnije, kada mama i sestra budu otputovale u Zagreb, na festival *Djeca pjevaju*, on će se preseliti kod Lizete, i na zidovima njene spavaće sobe otkriti čitav jedan iščezli grad i osobe kojih više nema. Već tada je spoznao, ili tek naslutio, da sećanje čini minule svetove postojećim i u njihovoj fizičkoj odsutnosti. Svet je nedeljiv. I dalje su na dotrajalim žicama baglamasa tragovi prstiju deda stri-ca Dione Fažov, u vešernici *Vile Marije* odjekuju koraci engleskih oficira, a u predvorju hotela *Terapija* u Crikve-nici čuju se glasovi čeških turista.

Otada osetljivost na žamor trotoara, i svest o poveza-nosti svih bića, stvari i pojava. I zato, kad god bi kasnije prošao parkom između Foruma i vizantijske kapele Sv. Marija Formoza, ugledao bi u travi pored rimskog sar-kofaga i obris klupe profesorke Fažov.

5.

Posle tri dana i tri noći Patras je, u rano jutro četvrtog dana, uplovio u Pirej. Na tom dugom putu Lizetu je povremeno mučila morska bolest. Negde u Jonskom moru, posle Krfa, uhvatilo ih je nevreme. Povraćala je. Matilda joj je dala đumbir. Nije pomoglo. Tek kada se more umirilo, pred jutro, umirila se i Lizeta. Pojavila se obala Peloponeza.

Sve vreme tokom te neprospavane noći Matilda pokušava da joj odvuče pažnju. Toliko puta je putovala brodom, zna sve o morskoj bolesti. Dobar bi bio opijum, ali gde da nađe opijum. Kaže Lizeti da giba glavom unazad u ritmu valjanja broda. To nekad zna da pomogne. Kada sledeći put krene brodom, neka se snabde ružinom vodicom. Lizeta se od muke smeje. Gde da nađe taj melem? Matilda joj obećava jednu flašicu. Svake godine pravi ružinu vodicu, stavlja je u alvu, kao što to rade u Smirni.

Sutradan je Lizeta otišla do brodskog lekara, on joj je dao tablete atropina, svakako delotvornije od đumbira. Saznala je da će putovanje potrajati deset časova duže jer je Korintski kanal zatvoren za plovidbu zbog odrona koji su ga, usled nedavnih zemljotresa, zatrpali. Samo čamci i sasvim mali brodovi mogu kroz kanal.

Iako je more na putu oko Peloponeza bilo mirno, pa su kao po tepihu stigli u Pirej, Lizeta je, nakon iskustva s olujom kod Krfa, bila sigurna da se više neće otisnuti brodom na duže putovanje. Mudro je postupila što je kartu kupila samo u jednom smeru. Naravno, razlog da se u Trst vrati vozom, a ne brodom, nije bila morska bolest, o kojoj tada nije razmišljala, već želja da prođe onim istim predelima kojima je pre četrnaest godina sa majkom putovala. Međutim, ovog puta će samo do Beograda, a onda, umesto Orijent ekspresom za Beč, uhvatiće do Trsta Simplon ekspres na liniji Istanbul–Pariz. Pre četiri godine prisustvovala je, sa Đorđom, svečanom dočeku Simplon Orijent ekspresa na tršćanskoj stanici. Te večeri joj je obećao da će se venčati čim završi vojni rok. Zajedno će otići u Rim, da upozna njegove roditelje, a zatim na bračno putovanje brodom u Solun. U povratku će vozom sve do Venecije. Koliko puta je u mislima ponovila to putovanje. Međutim, Đorđo ju je napustio, samo je nestao kada mu se okončao vojni rok u Trstu. Vratio se u Rim. Ili ko zna već gde. Barbari je od početka bio sumnjiv njegov južnjački akcenat, koji je navodno stekao tokom vojnog roka među Sicilijancima i Kalabrezima. A njih je bilo neobično mnogo u tršćanskoj kasarni. Posle pet vekova pod austrijskom vladavinom ostvaren je san o pripojenju Italiji. Trst je trebalo dobro čuvati.

Već u devet sati ujutro brod isplovljava iz Pireja za Solun. More je mirno. Pirej blešti kao ogroman broš. Lizeta se vraća u kabinu. Dugo gleda u dlan na kojem je Matilda tokom tri dana putovanja videla šta je sve čeka u

budućnosti. Linija života je veoma jasna, nigde nije ispre-
kidana bolestima i udesima. Pred njom je dug životni vek,
preko devedeset godina. U ljubavi će imati manje sreće nego
sa zdravljem. To isto kasnije kažu i karte. Neće imati dece.
Gubiće novac, i iznenada ga dobijati. Ali, kako joj je rekla
Matilda na rastanku, uvek su na istoj udaljenosti tamna i
svetla strana. Od nje zavisi za koji će se smer odlučiti. Dva
sveta koja postoje istovremeno.

„Uvek biraš“, ponavlja u sebi Matildinim altom. Ali,
ona nikada nije birala. Ni odlazak u bečki internat, ni život
kod rođaka u Trstu. Jeste, Đorđa je odabrala. Tog dana
je došla ranije na probu Smareljine Istarske svadbe. Pila
je čaj u baru teatra kada se on pojavio. Mornar u operi. I
tako je počelo.

Nije bio prvi. Pre njega Atilio, dvadeset godina stariji
od nje. Upustila se u vezu sa tim Barbarinim rođakom
iako je znala da je veren. I da iza sebe ima već dva braka.
U početku ju je zabavljalo to skrivanje, odlasci njegovim
automobilom na izlete u Grado. Poznavao je sva tajna
mesta oko Trsta, prenoćišta na Krasu, kao da je uvek bio
u zabranjenim vezama. Nakon Atilijevog venčanja njihovi
susreti bili su sve ređi. A onda se pojavio Đorđo, mornar u
operi. I tako je prekinula sa Atilijem.

Međutim, on je sa svojom ženom često dolazio u operu.
Znala je da je prati pogledom kada se sa horom pojavi na
sceni. Uživa u mraku sale, skriven negde u loži. Atilio nije
mogao bez tih uzbuđenja. Koliko puta su vodili ljubav na
podu u hodniku hotela, pored širom otvorenih vrata sobe.
I onda, na zvuk lifta, ili koraka na stepeništu, prevrtali se
kao foke, bežeći u zaklon sobe.

Tako se i njena majka povlačila za paravane i zavese, kao duh nestajala u mraku. I uvek bi se u blizini, na nekoliko trenutaka, pojavila nepoznata osoba. Kao onda u Orijent ekspresu između Beograda i Budimpešte. Nisu to bila priviđenja. Onaj čovek sa kojim je majka dugo pričala u hodniku vagona u Budimpešti, izronio je te večeri na peronu bečke stanice. Sutradan su se mimoišli sa njim na Grabenu. Jednom ga je Lizeta srela u blizini oranžerije u Šenbrunu. Iznenadni susreti sa poznatim likovima dešavali su joj se i u Trstu. Ponekad je bila u iskušenju da im priđe i upita ih da li su nekada odseli u Ksenodohion Egnatia u Solunu.

Nije podnosila samoću. Često je imala napade panike. Budila se noću sva u znoju. Izbegavala je da hoda prometnim ulicama. Sećala se kako je njen otac zaobilazio solunske pijace. Nerado je odlazio i u pristanište kada bi doplovio neki veliki putnički brod. I nju je hvatala nesvestica čim bi se našla u gužvi.

Nakon Đorđovog nestanka, opet neko vreme živi kod Hiterotovih. Barbara ima čitav sprat u porodičnoj vili u Ulici Farneto. Nagovara Lizetu da otkaže stan i preseli se kod nje. Barbara je opčinjena morem, obožava da jedri, kao i njen pokojni otac, baron Georg, posle čije smrti porodično bogatstvo ubrzano kopni. Majka preuzima vođenje poslova. Na sugestiju advokata menja savetnike, što se ubrzo pokazalo kao katastrofalna greška. Starija ćerka Hana nije htela da se uključi u vođenje porodičnih poslova. Nakon udaje odselila se u Insbruk.

Lizeti je bila čudna Hanina izmeštenost iz porodice, kao da im ne pripada. Retko je s mužem dolazila na porodično ostrvo Sv. Andrija, gde su Hiterotovi imali hotel. Jednom godišnje bi okupili rođake i prijatelje. Iz Nemačke bi došle obe baronove sestre sa porodicama. Barbara se jednom poverila Lizeti da je Hana malo na svoju ruku jer su je roditelji sa nepune dve godine ostavili da o njoj brine deda, otac barona Georga, dok su oni bili na putu u Japan i Hong Kong. Vratili su se tek posle dve godine. Hana ih nije prepoznala. Kasnije su odlazili samo na kraća putovanja, što je u njihovom slučaju značilo dva do tri meseca odsustvovanja.

Iako je Lizeta upoznala Hiterotove četiri godine nakon tragične smrti barona Georga – on je izvršio samoubistvo, navodno zbog dugova – o njemu se u kući govorilo kao da je živ. Tako se ponašala i posluga. Nikada nije pomenut u prošlom vremenu. Izgledalo je kao da je samo privremeno odsutan, na nekom dalekom putu.

Njegov portret, rad tršćanskog slikara Vitorija Sabe, visio je u salonu vile u Ulici Farneto. Koliko puta bi se Lizeta zagledala u to lice kratke brade, vodenastih očiju i bledih, ljubičastih usana. Poredila ga je u mislima sa licem pradede Ambrođa, tačnije sa obrisom njegovog lika, budući da je pamtila samo dugu sedu bradu i prodoran pogled. Trebalo je biti dovoljno strpljiv, što ona nikada nije bila, i sačekati da predak trepne i pošalje joj znak svoje prisutnosti. Za razliku od Ambrođa, lice barona Georga je lice mrtvaca. To i nije lice, već posmrtna maska.

Kako su poslovi sve lošije išli, jer se majka slabo snalazila sa poveriocima, sa ugovorima i menicama, u Barbari se polako budila očeva preduzetnička krv. Ona je pravi naslednik posrnule imperije Hiterotovih. Zanosi se idejom da se trajno nastani na ostrvu Sv. Andrija pored Rovinja, i nastavi poslove koje je započeo otac, polako pretvarajući

siromašni ribarski gradić u turističko odredište. U tome je
podržava njen prijatelj Masimo Sela, direktor Instituta za
biologiju mora u Rovinju. Dogovaraju se da pokrenu pre-
duzeće za eksploataciju tartufa u Livadama blizu Poreča.
Barbara je puna planova. Nagovara Lizetu da idućeg
leta pođe sa njom i njenom majkom na ostrvo Sv. Andrija.
Noć uoči Lizetinog puta u Solun, sedele su njih dve same na
terasi vile i pričale. Tog dana Barbara je imala težak sukob
sa majkom. Povod je bila majčina odluka da se prodaju
obe jahte kako bi se otplatili nagomilani dugovi.

To je lihvarska logika, ponavlja Barbara uveče na terasi,
neprestano dolivajući vino. Kukavičluk je najveći greh.

I dok se Barbara sve vreme žalila na majku, koja je
užasno sebična i samoživa, optuživši je čak i za ranu očevu
smrt – budući da je i ona bila inicijator mnogih putovanja
koja su iscrpljivala njegov inače slab organizam – Lizeta
se pitala kako se u tom raju Hiterotovih može biti neza-
dovoljan. Jer, za nju su oni bili ostrvo sigurnosti i spoko-
ja, arkadijska teritorija izvan haotičnog sveta u kojem se
stalno dešavaju katastrofe i ratovi, gde preko noći nestaju
imperije i čitave epohe. Kako se može biti nezadovoljan u
okruženju egzotičnih stvari i predmeta koje je baron Georg
donosio sa svojih putovanja. Imati toliko mnogo rođaka
i prijatelja. Svakodnevno primati pisma iz čitavog sveta.

Sve je to bilo u snažnom kontrastu sa Lizetinim detinj-
stvom, u kojem postoje jedino samci, čak i u nedeljnim
šetnjama Bešinarskim vrtovima. Njeni roditelji živeli su
odvojene živote. Ne pamti da su se ikada posvađali. U spre-
mištu pored recepcije Ksenodohion Egnatia satima je iščita-
vala adrese gostiju u hotelskim knjigama. Tako je stvarala
obrise dalekih svetova. Imala je svoje omiljene gradove, čija

bi imena naglas izgovarala: Smirna, Odesa, Marsej, Haifa, Venecija, Malaga, Đenova. Svi su bili na moru.

Negde pred ponoć, posle mnogo vina, Barbara otkriva Lizeti strašnu porodičnu tajnu. Hana je njena majka, a majka Mari joj je zapravo baka.

A otac? Ko je otac?, pita Lizeta.

Grof Milevski, sa ostrva Katarina.

Bila je to Hanina osveta roditeljima za njihovo odsustvovanje iz njenog života. Za nepripadanje svetu. Hana je prikrivala trudnoću sve do četvrtog meseca. Tada je bilo kasno za intervenciju. Sklonili su je kod opatica, u jedan manastir u Tirolu. Majka je preuzela ulogu trudnice, daleko od očiju okoline, izolovana na ostrvu Sv. Andrija.

U krštenici piše da sam rođena u Trstu od majke Mari i oca Georga, rekla je Barbara. Tako su baba i deda postali moji roditelji. Prava majka mi je sada sestra.

Ućutala je, i gledala sagovornicu mutnim pogledom.

Lizeta je potpuno oduzeta tom sumanutom pričom. Prvo na šta je pomislila bila je kutija sa porodičnim fotografijama, koju je dan ranije dala Barbari na čuvanje. Osoba koja je vlasnik takve biografije ne može biti uračunljiva. Ko zna šta se može dogoditi sa Barbarom dok je ona u Solunu. Živeti sa takvom istinom znači sedeti na vulkanu.

Barbara je tražila, u zamenu, neku Lizetinu tajnu. Svaka porodica ima tajne. Nema zdravih, samo bolesni postoje, ponavljala je usporenim glasom. Lizeta je obećala da će joj ispričati svoju tajnu, ali tek kada legnu. Nju sutra čeka dug put.

Kada su legle, Barbara je zagrlila Lizetu. Pažljivo je pratila priču o strasnoj Grkinji iz Trakije, Lizetinoj majci, koja ni nakon udaje za Italijana jevrejskog porekla nije prestala da posećuje rebetiko barove, da po čitavu noć uživa u hašišu, muzici i muškarcima. Nije krila svoj raspusni život pred očima ćerke i muža. Znala je da nestane iz kuće na po nekoliko dana. A otac?, pita Barbara. Otac je brinuo samo o hotelu. Tako ga pamtim. Bio je hrom, posledica dečije paralize. Dve decenije stariji od majke. Kada su se venčali, imao je preko četrdeset godina.

Pre nego što je Lizeta otpočela priču o putovanju sa majkom, vozom od Soluna do Beča, Barbara je već spavala dubokim snom.

Sutradan se žalila da je prethodne večeri mnogo popila. A tada uvek priča gluposti. To je bio njen komentar na jezivu priču koju je poverila svojoj prijateljici.

Na rastanku, u tršćanskom pristaništu, Lizeta obećava Barbari da će idućeg leta, čim se okonča sezona u Teatru Verdi, poći sa njom na Sv. Andriju. Mogu u Rovinju da otvore muzičku školu.

Bolje kabare, kaže Barbara.

Kasno popodne četvrtog dana Lizeta je ugledala Solun, onakav kakav se ukazao na platnu tršćanskog bioskopa Minerva, godinu dana ranije, bez minareta i zbijenih kuća duž obale. Prepoznaje samo obris Bele kule.

Osetila je blagu nesvesticu kada se sa koferom u ruci našla na pontonskom mostu. Kratkim, nesigurnim koracima krenula je prema molu. U gomili sveta nekoliko livrejisanih nosača mahalo je zastavicama, izvikujući imena hotela. Prilazi joj hromi mladić u modroj uniformi gurajući kolica. Srce počinje naglo da joj lupa kada na njegovoj kapi uoči zlatna slova: Hotel Bristol.

Ako nije izgoreo Bristol, *čuda su moguća. Otac je uvek govorio da u poređenju sa* Bristolom, *većina solunskih hotela predstavlja obična prenoćišta.*

Pošla je za nosačem kroz gužvu, u grupi putnika čiji je prtljag potrpao na svoja kolica. Od njega saznaje zašto Bristol *nije stradao u požaru: vatrogasci su mu lako prišli po širokom trgu. Sve dalje, u dubinu kvarta prema Bari, izgorelo je do temelja.*

Posle nekoliko minuta stižu pred dvospratnicu na uglu, visokih francuskih prozora, sa plitkim balkonima. Nije to fasada koju pamti iz vremena detinjstva. Hotel je bio u potpunosti renoviran.

Luksuzan hol podsetio ju je na tršćanski Savoj, *gde je jednom provela noć sa Atilijem.*

Popunila je prijavu na recepciji. Datum odlaska ostavila otvorenim. Dali su joj sobu sa balkonom, koja gleda na ulicu. Kada se liftom popela na drugi sprat, hotelski momak je već dopremio kofer do vrata njene sobe. Dala mu je napojnicu. Ostavši sama u prostranom apartmanu ispunjenom stilskim nameštajem, osećala se kao da se ponovo našla u hiterotovskoj raskoši. Izašla je na balkon. Umesto niza jarbola u luci, koje je pamtila iz detinjstva, sada su se u nebo dizali ogromni dimnjaci parobroda sa islikanim bojama zastava. Najviše je bilo francuskih, italijanskih i grčkih lađa.

Dva sata kasnije, zakoračila je na ulicu. Krenula je u smeru svog bivšeg kraja, koji je po poziciji pristaništa morao biti negde blizu. Međutim, čim je zamakla dva ugla dalje, zastala je pokušavajući da odredi gde se nalazi. To više nije bio onaj pravac koji je pamtila iz svog detinjstva. Uzalud se pola sata vrtela u krugu nastojeći da prepozna barem deo putanje kojom je godinama prolazila na putu do muzičke škole u Ulici Kuskura. Novi su pravci bili probijeni, i oni više nisu pratili linije bivših ulica.

Nastavila je da luta. Što je bila bliža Mevlevi tekiji, sve češće je nailazila na puste poljane i zgarišta. Ovo je sada sasvim drugi grad, bez poznatih fasada, bez ulica koje je pamtila. Pored ruševina sinagoge ugledala je ogroman šator oko kojeg su se deca igrala. Na ulazu u polusrušenu džamiju, bez minareta, stajala je grupa žena, Grkinja, koje su očito tu živele. Reči koje je u prolazu čula bile su grčke, ali tvrdih intonacija. Tako su govorili trgovci iz Anadolije koji su odsedali u Ksenodohion Egnatia. A Turci u Solunu, Turci Lizetinog detinjstva, govorili su grčki kao da pevaju, jasnih, mekih vokala.

Što je dublje zalazila u prostor gde se odvijalo njeno detinjstvo, ulice su bile sve šire. Imena na tablama bila su neka druga, ispisana samo na grčkom. Nestali su tesni trgovi, krivudavi sokaci sa prizemnicama. Odjednom je izbila na pravac Ulice Egnatia. Zadrhtala je prepoznavši crkvu u blizini kuće u kojoj je odrasla. Crkva je tu, pod skelama, ali kuće nema. Preko puta kuće, koje više nema, nalazio se očev hotel. Kojeg takođe nema. Ništa više nije preko puta, jer nema ničega što ona pamti. Drhtala je lutajući gore-dole u pokušaju da locira makar jednu čvrstu tačku.

Gubila je dah u tom sparnom avgustovskom popodnevu. Široki pravci novih ulica, gradilišta, i čopor koji se kretao u svim smerovima. Hodala je bez cilja, samo da bi bila u pokretu, u reci ljudi, ne bi li u nekom trenutku možda osetila pripadnost gradu. Izbivši u blizinu luke prepoznala je ogromne zgrade betonskih skladišta. Obradovale su je te sive hale, jer znači da nije sve što pamti nestalo u požaru.

Kada je prišla širom otvorenim vratima na pročelju hale, ugledala je gomile ljudi kako leže na golom betonu. Nemi prizor. Nije čula glasove. Samo dim iz čibuka, pogledi izmučenih lica, i deca koja dremaju na zavežljajima.

Pobegla je od mučnog prizora istim putem nazad. Tako je ona mislila. Ali, niti je bilo istog puta, niti teritorije tog „nazad". Svaki povratak je iluzija, svejedno da li su u međuvremenu prošle godine ili samo jedno popodne. To će shvatiti godinama kasnije, ne odjednom, već u dugim, razvučenim svakodnevicama u Trstu, Rovinju, Puli. Sa svakim novim razočaranjem biće snažnija, odlučnija da pruži oduška svojoj prirodi, ocu i majci u sebi. Da odbaci lance stečene u bečkom internatu gospođe Haslinger.

U Solunu se pustila: počela je da puši, strastveno, posećivala je noću barove. Jedne večeri u nekoj krčmi u luci slušala je trio muzičara i pevačicu, koji su izvodili rebetiko muziku. Kada su zapevali pesmu Edirne, Edirne, pomislila je na majku. Možda je to bila njena omiljena pesma? Nikada nije čula da majka svoje rodno Jedrene izgovara na grčkom – Adrianupolis, već uvek na turskom – Edirne. Sve do jutra Lizeta je ostala u toj krčmi.

Vraćajući se u hotel mislila je na Barbaru. Kako je tužna i komična njena žudnja za zdravim životom u kontekstu nasleđa one strašne priče. Ako ju je izmislila, trebalo je u sebi naći taj materijal. Ali, sve piše na ljubičastim usnama barona Georga, na portretu mrtvačke maske porodice Hiterot. Vidovita je Lizeta, ništa manje od saputnice sa broda, Puljanke Matilde Kesinis.

Od recepcionera u Bristolu saznaće da su gomile ljudi u halama u luci, i svuda okolo, po napuštenim skladištima u Ulici Salamis, grčke izbeglice iz Male Azije. Već godinu dana spavaju u krpama, na betonu, jer nema više praznih sela oko Soluna. Sve je popunjeno. Više je Grka došlo iz Anadolije nego što je muslimana otišlo u Tursku. A ti Grci neće u brda, hoće da ostanu pored mora. Jer, pored mora su oduvek živeli, tamo u Turskoj. Tako joj je rekao recepcioner, prvi čovek koji je govorio mekim, solunskim akcentom, očito starosedelac.

Nakon tri noći na brodu, konačno je legla u širok, mekan krevet. Ipak, dugo nije mogla da zaspi. Nije se luljao brod, već čitav jedan grad. Sve vreme pratila su je ona nema, napaćena lica sa čibucima, i deca koja niti plaču, niti se smeju.

Panika ju je hvatala pred zidinama gradskih kancelarija, katastara i nadleštava kada je sutradan krenula u pohod po arhivama, pokušavajući da dođe do podataka o nastradalima u požaru od pre šest godina. Tokom naredne dve nedelje nailazila je samo na neljubazne službenike. Trebalo ih je dobro podmititi da bi se umilostivili da je poduče odakle da krene. Za početak, da angažuje dobrog advokata. U tome su bili predusretljivi, odmah se preporučujući da uz dodatnu napojnicu takvoga i nađu. Zašto je čekala šest godina?

Sumnjičava je prema svim tim korumpiranim službenicima. Nije se mogla prepoznati u Grcima iz Anadolije. Ona, po ocu italijanska Jevrejka, po majci Grkinja sa tragovima turske krvi, pamtila je jedan Solun koji je nestao kada su ga napustili njegovi Turci, i njegovi Jevreji.

Grad strada od čopora, grad nagriza čopor, ponavlja u sebi očeve reči. I zato se čopor sveti i ruši gradove.

Ali, ti nesrećni Grci iz Anadolije, iz maloazijskih grado-va, koji kao izgubljeni lutaju Solunom, nisu čopor, rekao joj je jedne večeri stari recepcioner hotela Bristol. *Oterani su na isti način kao i solunski Turci. Oterani su iz svojih turskih gradova, i sada blude nekim tuđim Solunom.*

Groblja su premeštena. Neka su preorana. Tragova nema. Samo mermerna ploča na kojoj piše da su na tom mestu sahranjene neidentifikovane žrtve stradale u požaru 18. avgusta 1917. godine.

Lizeta uveče stoji na balkonu hotelske sobe i puši. Osluš-kuje zvuke i vrevu ulice. Čuje sirene parobroda koji isplov-ljavaju iz luke, i odvoze, put Turske, hiljade muslimana pristiglih tog leta iz Makedonije.

Gleda u dlan, seća se reči Matildinih.

Poslednjeg dana na brodu, dok su oplovljavali Pelo-ponez, Matilda je dugo pričala o svom ljubavniku grofu Milevskom, koji je maštao da od ostrva Katarina napravi turistički raj. U tome ga je sprečio baron Hiterot sa sused-nog ostrva Sv. Andrija. Smislio je gomilu intriga ne bi li iz igre izbacio konkurenta, presvetlog grofa Milevskog! Zašto? Zbog ljubomore! Karol Ignacije Korvin Milevski nije plemić od juče, kao Hiterot, naglašavala je Matilda, niti je plemstvo stekao carskim ukazom, već je iz porodice koja plemstvo meri vekovima.

Lizeta tada pominje da joj je Barbara Hiterot najbolja prijateljica, da planiraju da se za stalno nastane na ostrvu. Matilda je nekoliko trenutaka bez reči. Zatim kaže da će u tom slučaju biti susedi, jer ona povremeno boravi na Katarini, pomaže grofu u sređivanju zbirki umetničkih predmeta i starog novca. Lizeta podseća Matildu da će svakako doći po flašicu ružine vodice koju joj je obećala.

Eto nje već u aprilu, kada u Puli gostuje Teatro Verdi sa Smareljinom Istarskom svadbom.

Tokom prve nedelje u Solunu, Lizeta nijednom nije na ulici, u restoranu ili na terasi kafea, ugledala fizionomiju u kojoj bi prepoznala neku osobu iz vremena od pre četrnaest godina. Kada je u policiji zatražila podatke o vršnjacima koje je pamtila imenom i prezimenom, rekli su joj da takvih nema u evidenciji. Arhive su nepotpune, većina ih je uništena u požaru. Mnogo se ljudi iselilo posle rata.

Stigavši pred muzičku školu u Ulici Kuskura, uzalud je čekala da se iz dubine zgrade začuje zvuk klavira, violine, oboe, da se zaori neka arija. Sa prozora na spratu nemo su je posmatrale one iste prikaze iz hale u luci. Od čuvara saznaje da je škola još tokom rata pretvorena u stacionar za izbeglice.

Ostala je bez čvrstih tačaka. Bez svog grada. Bez geografije. Te večeri odlazi u noćni bar Atika. Tamo će upoznati violinistu Andreja, belog Rusa, koji već godinu dana u Solunu čeka papire za Ameriku. Prespavaće sa njim u sobi iznad bara, i tek u podne krenuti u hotel. Hodala je u večernjoj haljini, zalutala noćna ptica. Nije se obazirala na drske poglede i dobacivanja. U mislima je sve vreme sa majkom. Njihov poslednji susret u Beču. Pita je kako se sve baš tako izdogađalo. Zašto uvek viša sila? Tri godine nije videla Solun. Dokle će da letuju po austrijskim banjama? Smrdljiva koruška jezera joj ne mogu zameniti Egejsko more. Ni očeva duga pisma Solun. Dobro zna šta se dešava, i da je opasno da dođe, na sve strane bombe i atentati. Posledice Mladoturske revolucije tek dolaze. Neka sedi u

Beču. To joj otac stalno ponavlja. Idućeg leta majka pre-uzima brigu o hotelu, pa će je on obići. A možda se čudo dogodi, situacija se smiri, te eto nje u Solunu. To čudo je moguće, misli Lizeta, ali ne i čudo da majka preuzme brigu o hotelu, makar i na nekoliko nedelja.

Onda su izbili balkanski ratovi. Grci su preuzeli brigu o Solunu. Zatim je počeo Veliki rat, za koji se u početku. verovalo da neće biti ni dug, ni velik. Lizeta se preselila kod rođaka u Trst. Na kraju – jer to jeste bio kraj – desio se požar u Solunu. Lizeta je preuzela brigu o sebi.

Tog jutra, posle prve noći sa violinistom Andrejem, bila je u sebi majka. Biće i otac, ali kasnije, u hotelskoj sobi Bri-stola, kada po hiterotovski luksuznom stolu sa intarzijama složi preostale čekove Banko di Roma. Evidentiraće troš-kove, prepustiti se suludom računanju: koliko bezbrižnih dana pokriva njen konto. Ne u Solunu, već u životu.

Da, morala je doći u Solun da bi izmerila dubinu odba-čenosti od roditelja. Ma kakva da su vremena bila, oni su živeli onako kako su hteli. Prećutni sporazum samo je ona mogla da pokvari, pa su je sklonili daleko, a sve u ime bolje budućnosti koju su joj namenili. Majka je opet imala punu slobodu, otac čvrst voajerski ram. Sigurno su se povremeno posećivali u tim odvojenim životima. Da li su, barem, zajedno izgoreli?

Jednog jutra, vraćajući se od Andreja, za trenutak joj se učinilo da je u bašti kafane preko puta Bristola ugledala kelnera koji je likom bio isti njen sused iz Via Kavana. I narednih dana joj se u šetnji gradom priviđaju Tršćani.

Lizetino pamćenje ispunjeno je fizionomijama kao policijska kartoteka. Međutim, za razliku od kartoteke, u njenoj memoriji su samo slike, bez imena i dosijea. Ni posle deset, dvadeset godina nije zaboravljala pojedina lica gostiju koji su nekad samo noć ili dve boravili u Ksenodohion Egnatia.

Vreme je đa se vrati. Početkom treće nedelje zatražila je na recepciji vozni red stanice u Solunu. Nekoliko dana kasnije kupila je kartu za Trst, sa presedanjem u Beogradu.

Poslednju solunsku noć provela je sa Andrejem u Bristolu. Tek je u vozu otkrila da joj nedostaje nekoliko čekova. Šta bi na to rekla Barbara?

Ovog puta neće biti zadržavanja na tursko-srpskoj granici, jer te granice više nema. Voz će samo projuriti kroz zabitu stanicu, gde su onog sparnog popodneva, pre četrnaest godina, satima čekali da nastave putovanje. Ne seća se imena mesta, niti šta je bio razlog zastoju, ali pamti da su ručali u staničnom restoranu. I da se u jednom trenutku silno uplašila kada je majka otišla u toalet. Šta ako se ne vrati? To je pomislila. Pamti kandelabre pored ograde perona, i zgradu stanice sa begonijama na prozorima.

6.

Danima uoči puta u Pulu čita dnevnik. Zapisi ispisani rukom gimnazijalca, studenta, pisca, otkopavaju trenutke koji ni po čemu ne bi bili upamćeni. Prazan hod bezimenih dana. Ali, baš se u tom škartu krio život. Sa ushićenjem bi se prisetio nekog jutra kada je bežao sa nastave, i čitave sate provodio sa drugovima u poslastičarnici *Kod Mađara*, ili praznog popodneva u kantini kasarne u Ćupriji dok jede napolitanke, pije pivo i troši večnost besmislene godine u vojsci.

Vreme prošlo disalo je u svakom trenutku, osećao je fizičko prisustvo ljudi pomenutih u dnevniku. Istina, ponekad bi ga, dok se kretao sivilom svakodnevice, spopao zamor. Težnja hroničara da popiše što više detalja minulog dana – jer većina beležaka nastajala je kasno uveče – oduzimala je dnevniku svaku literarnu vrednost. Monotono gomilanje suvih činjenica, bez ikakvih analiza. Nigde zaključaka, već samo odluke, patetična zaricanja da *od sutra* postaje druga osoba. To *od sutra* jedina je konstanta koja se provlači kroz svih dvadeset sedam svezaka dnevnika. I tinjajuće nezadovoljstvo postojećim životom. Skoro pola veka prati putanju mlaza u klepsidri svakodnevice. Ne odustaje u naporu da se promeni, i konačno uskoči u obličje svog pravog *ja*.

A onda, na početku pete sveske dnevnika, iskrsava ime: Ida Rojnić. U belešci stoji da su se upoznali na dočeku Nove 1974. godine u pulskom disku *Uljanik*. Idućeg dana vodili su ljubav u napuštenom spremištu za čamce na Valkanama. Sledeći zapis u dnevniku je tek dve nedelje kasnije. U Beogradu je, sprema ispit iz estetike. Pominje pismo koje mu je Ida Rojnić poslala iz Ljubljane. I to je sve o osobi koje ne može da se seti. Ne pamti niti jedan kadar iz te novogodišnje noći; ne seća se da je na plaži Valkane postojalo spremište za čamce. Nikada nije novogodišnju noć proveo u disku. Međutim, zapis je neumoljiv, ispisan njegovom rukom.

Epizoda dočeka Nove godine u disku *Uljanik* od pre četiri decenije, i avantura sa izvesnom Idom Rojnić idućeg dana, o čemu njegov dnevnik nepobitno svedoči, potpuno su ga izbacili iz ravnoteže. Počeo je da se budi noću. Sledećih nekoliko dana vidno je uznemiren. Na internetu nasumice čita tekstove o demenciji. Pokušava da pronađe notes iz hotela *Garibaldi* u Veneciji, sa beleškom nepoznatog gosta na temu Alchajmera. Ne uspeva. Međutim, u dvadeset i drugom svesku dnevnika postoji zapis o tom događaju, čak i kratak citat iz beleške da su „po nekim istraživanjima u Americi, oboleli od Alchajmera još od detinjstva skloni popisivanju sveta koji ih okružuje, sastavljaju svakojake liste, uredno vode dnevnik". Zatim konsultuje prijatelja neuropsihijatra, navodeći da mu je za roman koji piše potreban slučaj demencije u kojem se briše ne samo događaj, već i sve ono što mu je prethodilo. U višem stadijumu demencije to je uobičajena pojava; međutim, tada se javljaju i problemi u svakodnevnoj komunikaciji, kaže mu prijatelj. Obolela osoba na trenutke ne zna ni ko je, ni gde je. Naravno, zaborav može biti i posledica mehaničke povrede glave.

Ništa od toga nije njegov slučaj. Prestao je da čita dnevnik. Vratio se rukopisu romana. Odustao je od linearnosti, krenuo iz više ishodišta. Prvi put tako piše. Za svaki lik otvorio je zaseban fajl. Negde će im se putanje ukrstiti. Njegovo je da sledi vlastiti instinkt. U pravu je bio Tišma. Osluškivati trotoare. Ima šta da se čuje.

Opsesije su orijentiri budućih otkrića.

Sa tim razuđenim pričama doputovao je u Pulu. Na recepciji hotela *Skaleta* ljubazno su mu ponudili apartman u zamenu za sobu na uglu. Očito je nesporazum u pitanju. Prilikom rezervacije naveo je da želi istu sobu u kojoj je četiri meseca ranije boravio. Odmah su u hotelskom kompjuteru pronašli njegov mejl. Nije u pravu. Nema naznake da želi određenu sobu. On se samo izgubljeno osmehivao. Sasvim se jasno sećao rečenice koja je volšebno nestala iz teksta.

I tako je već od dolaska sve krenulo mimo planiranog. Prve dve noći, dok se nije oslobodila soba na uglu, proveo je u apartmanu. Razlika u ceni bila je na račun hotela. Naredna dva dana kofer je ležao na podu, neraspakovan. On je šetao gradom, kretao se po mapi koja je postojala samo u njegovoj glavi. Uočio bi neko poznato lice, sa zadovoljstvom konstatovao da ga brada uspešno kamuflira. Ni Goran Ban ga nije prepoznao kada su se mimoišli u Kandlerovoj.

Hodao je tom slabo osvetljenom ulicom, istom onom kojom je i njegova majka žurila, kratkim koracima, u sumrak jednog septembarskog dana daleke 1949. godine. Nikada nije osećao njeno prisustvo tako jako i bolno, prosto je fizički bila na korak od njega. Prvi put se ne tuđi majke. Da može, zagrlio bi je. Ne guši ga više bujicama reči. Ne stidi se njene potrebe da uvek bude u centru pažnje, pod snopom reflektora, zabavljačica na pozornici, nimalo svesna pogleda i komentara u pola glasa. Izgleda da ih samo on vidi i čuje. U punom kupeu odjekuje smeh putnika. Po ko zna koji put čuje priču kako mama odmah posle rata, u vreme velikih nestašica, švercuje jaja svojim gazdaricama na Sušaku. Policijska kontrola u vozu. Pitaju je šta ima u torbi, a ona kaže jaja. Baš sve su jaja?, pita policajac. Baš sve, odgovara mama. Policajci se smeju i odlaze. I putnici u kupeu se smeju. Oni iz mamine priče. I oni dve decenije kasnije.

Dok hoda Kandlerovom ulicom, priseća se tih dugih putovanja noćnim vozovima *Jugoslovenskih železnica*, sa majkom i sestrom. Jezde vozovi preko budućih granica. Sanjivi putnici kroz zamagljene prozore naziru imena stanica. Ne slute da će jednom, još za njihovih života, to opet biti inostranstva. Tu lekciju on je naučio kao dete u Rijeci, spuštajući se sa majkom jednog jutra stubama sa Trsata. Često bi zastali na odmorištima. Dole, u dubini kanjona, video je usku traku puta i krovove sabijenih kuća.

„Nekada je sve ono tamo bila Italija", rekla je majka, i rukom pokazala u smeru gole litice na drugoj strani, u čijem podnožju se nalazila neka fabrika.

Zbunjen, nije odvajao pogled od sivih zgrada i dimnja-ka. Drugačije je zamišljao Italiju, zemlju crtanih filmova i kvizova sa ekrana Lizetinog televizora.

„Ma gde si se to zagledao?", pitala ga je kroz smeh. „Čitava Rijeka, Opatija, Kvarner, sve je to bila Italija." A onda je više za sebe dodala: „I zemlje su kao ljudi, rađaju se i umiru."

Mama i on sada su na istoj strani. Zajedno ispisuju sve-sku ukradenu u Vinkovcima. Zar je trebalo da proživi pola veka pa da shvati da emocije ne treba kriti? Da se ne plaši slobode; da bude onaj koji jeste; da se ne obazire na okolinu. Da zlo nije nikakva greška, već izbor kao svaki drugi, opcija sa kojom se lakše i sigurnije stiže do počasti i bogatstva. Bezbedan je to put, utabaniji od krivudavih, opasnih staza kojima se pentraju oni koji veruju u božan-sku pravdu.

Dobro pobeđuje samo u bajkama.

Tako misle oni koji ne veruju da su plombe na vratima teretnih vagona sigurne koliko i katanci. Nije katanac odraz nepoverenja u zajednicu na šinama, niti uvreda za *Jugoslovenske železnice*, već sumnja u krvotok kojim kola toliko mnogo nepoznatih krvnih grupa.

Tako misli njegova majka dok se na kupalištu Stoja suprotstavlja ljudima sa plaže, braneći teritoriju tri rašire-na peškira. Bili su Grci na Maratonskom polju, okruženi nepreglednom vojskom Persijanaca.

I zato nije dovoljna samo plomba, tek obavest da vagon nije prazan, kako veruje poručnik Jugoslovenske ratne mornarice, zatočenik skupine malih, običnih ljudi u kojoj je odrastao, na bivšoj graničnoj postaji Ristovac, gde se zaglavio njegov otac, najmlađi otpravnik vozova u stanici Skoplje, solunac, nosilac Albanske spomenice. Zbog sklonosti alkoholu brzo će biti degradiran u niže zvanje, povlačiće se sa porodicom na sve sporednije stanice, dok se konačno ne usidri u zvanju čuvara pruge u Sićevu. Tu će dočekati penziju, nastavljajući i dalje, u cik zore, obilaske svoje deonice, od sićevačke elektrane do Ostrovice. Posle njegove smrti ostaće na policama u podrumu čitava zbirka stvari i predmeta, nepažnjom bačenih iz vozova.

U toj zbirci najvredniji eksponat bio je kožni novčanik sa urezbarenom glavom morskog psa, koji je čuvar pruge iz Stražare broj 15 jednog avgustovskog jutra 1941. godine našao pored dvorišne ograde. Odmah je prepoznao novčanik starijeg sina. U pregradi je cedulja sa kratkom porukom da ih vode u Nemačku, da je nakon zarobljavanja tri meseca proveo u sabirnom logoru u Bugarskoj, da je dobro, da ne brinu.

Transport sa zarobljenim oficirima Kraljevine Jugoslavije prošao je sićevačkom klisurom noću. Vagoni su osigurani ogromnim katancima. Kada je kompozicija na krivini posle sićevačke brane usporila brzinu, mladi poručnik jakim trzajem ručnog zgloba uspeva da kroz prorez ispod šarki vrata izbaci novčanik napolje, uveren da će ga sutradan otac, pri obilasku pruge, naći.

Došao je u grad svog odrastanja da bi, ovog puta, iz njega zauvek otišao. Nikome se neće javljati. Obići će sva mesta na kojima se decenijama odvijala svakodnevica dečaka čiji je jedini san bio da ode. Živeo je u stalnoj odsutnosti, sledio misli koje su ga vodile daleko od tog grada. Zna on da je to jedan u svemu pogrešan grad. I da se kuće u kojima će živeti, žene koje će voleti, sve ono što bi trebalo da mu se dogodi, i dobro i loše, nalazi u nekim drugim gradovima. Nije to njegova priča. Slučajno se našao u zapletima koji mu ne pripadaju.

Ovim gradom je i njegova majka pre šezdeset i pet godina hodala. Tako rado bi da prođe kroz taj dan, da zaviri na mesta kojima je ona prošla. Da li se on već tada iz praznine nepostojanja borio za dolazak na ovaj svet? Ili je borba počela ranije, odbijanjem mladog poručnika Jugoslovenske ratne mornarice da se upusti u ozbiljnu vezu s Italijankom kod koje je stanovao? Ili još ranije, činom odustajanja srpskog ratnog zarobljenika u radnom logoru Barberk I, pored Bremena, da nakon okončanja rata ostane u Nemačkoj? Da, postojala je i ta opcija, budući da se poslednje godine zarobljeništva zbližio sa rođakom vlasnika farme na kojoj je danju radio. Uveče je sedao na bicikl i vraćao se u zgradu plesne škole u kojoj su logoraši spavali.

Koliko opasnosti i iskušenja na putanjama onih koji će mu dati život. Sve mu je išlo na ruku, najviše panični strah službenice Direkcije luka Severnog Jadrana od seksualnog odnosa, kao posledica dugih seoskih noći bez sveća, sa udaljenim lavežom pasa, dok iz dubina soba dopire šum nemirnih tela u slamaricama, povremeno muklo stenjanje, koje se okončava prigušenim krikom. Onda bi opet zavladala preteća tišina.

Ništa on ne umišlja.

Kad god bi se našao u Raši, u malom rudarskom gradu na pola puta između Pule i Rijeke, gde su vozači linijskih autobusa redovno pravili pauzu, osećao je uznemirenje. Kao da je zatvoren u kavezu, okružen prizorima iz sna. Sve je na tom trgu na kojem su se zaustavljali bilo nadrealno. Ulazilo se u crtež, a ne u prostor. Trg je uvek bio prazan jer, umesto u središtu, nalazio se na obodu grada, izvan putanja njegovih nevidljivih stanovnika. Visoka trijumfalna kapija, sa slavolukom i parolama u slavu Tita i socijalizma, spajala ga je sa obližnjim manjim trgom, koji je takođe bio pust. Čitav taj razvučeni prostor zatvarale su zgrade sa nizom volti i horizontalnih linija balkona. Kulise filmskog studija, prazna pročelja sa iscrtanim prozorima i vratima. Dolaskom autobusa trg bi se ispunio statistima; međutim, oni bi se brzo uputili u restoran. Na izbočenom delu zgrade, levo od restorana, i danju i noću svetlela su neonska slova *Prenoćišta Raša*. Prozori na spratu stalno su bili zastrti tamnim zavesama.

Pustoš bez senki na trgu iz sna. Crkva u obliku prevrnutog rudarskog vagoneta, prostran trem i široke stepenice ispred pročelja, zvonik ravnih linija, koji podseća na rudarsku lampu, zgrada bioskopa sa okruglim prozorima. Na sredini trga fontana.

Kraj sveta. Nemost večnosti. Raša – grad bez groblja.

Na geografskim kartama Raša se pojavljuje dve godine uoči početka Drugog svetskog rata. To rudarsko naselje, jedno od dvanaest novih modernih gradova, zamišljenih da predstavljaju moć fašističkog režima Benita Musolinija, obnovitelja Rimskog carstva, biće sagrađeno za 547 dana. Glavni projektant Gustav Pulicer Finali, iz porodice tršćanskih Jevreja, godinama je uređivao interijere prekookeanskih brodova. Odatle okrugli brodski prozori na fasadi bioskopa. Raša je u prvoj etapi udomila dve hiljade ljudi, tek polovinu od zamišljenog broja. U donjem delu grada izgrađene su kuće za rudare, a u gornjem delu, uz niz porodičnih vila za rukovodeće tehničko osoblje, niklo je naselje jednospratnica sa vrtovima, u kojima su živeli kvalifikovani radnici. Raša ima vodovod, javnu rasvetu, telefonsku centralu, bolnicu, olimpijski bazen, bioskop, hotel. Jedino, omaškom ili namerno, nije bilo predviđeno groblje.

To je saznao davno, od druga iz muzičke škole, nekoliko godina starijeg od njega. Dečak sa dva imena: Marijan Milevoj. Često su ga zadirkivali šta mu je ime a šta prezime. Svirao je trubu. Dva puta nedeljno dolazio je u Pulu, autobusom, iz Raše. Marijan mu je jednom u šali rekao da su njegovi roditelji stariji od grada u kojem žive. I da nikada neće umreti jer u Raši ne postoji groblje.

Kada je, u proleće 2012. godine, počeo da radi na slučaju službenice Direkcije luka Severnog Jadrana, do ruku mu je došao roman Daše Drndić *April u Berlinu*. Odlomak u kojem se pominje Raša dozvao je trubača sa dva imena. U međuvremenu, Marijan Milevoj postao je dobri duh svoga grada, pouzdani hroničar. Nalazio je po internetu njegove knjige. Više nije živeo u Raši, već u obližnjem Labinu, u kojem je njegov sin držao knjižaru. Odlučio je da ga prvom prilikom potraži. Otada je prošlo četvrt veka. Zemlja u kojoj su živeli, ugasila se kao raški rudnik.

„Raša – Arsia, najmlađi istarski gradić. Radničke kuće s po četiri dvosobna stana poredane u dva niza, okružene vrtovima jednake kvadrature, danas su oronule i sivocrne. Raša je počela umirati mlada, kada je još bila mlada i zdrava. Raša je umirala dugo i mučno, izdali su je svi koji su njome vladali, i fašisti i socijalistički samoupravljači, onda su je dokusurili novi hrvatski divlji kapitalisti. Raša više ne daje ugljena, govorili su, Raša je kao krava koja nema mlijeka, kao žena koja ne rađa, Raši treba sklopiti oči. Rudnik je upokojen i zakopan. Raša je danas duh, kostur čije obrise na malome trgu priziva crkva Svete Barbare, zaštitnice rudara kojih u Raši više nema."

Sveta Barbara, zaštitnica rudara, koju pominje Daša Drndić, dozvala je jednu drugu sveticu, njegovu majku, službenicu Direkcije luka Severnog Jadrana.

Santa Violeta, zaštitnica siročadi. Tako je sebe videla, još od vremena šabačkog internata, kada je sa jedanaest godina napustila svoj seoski dom u Uzveću, porodičnu zadrugu od preko dvadeset članova. Odlazak u internat doživela je kao odbacivanje od majke. Čitav njen kasniji život bio je potraga za domom. Usledile su godine u podstanarskim sobama, pansionima, hotelima.

Nikada majci nije oprostila što ju je poslala u internat. To je jasno iz sna koji joj se ponavljao: majka je moli da joj dâ čašu vode. Ukoliko bi u snu uslišila majčinu želju, redovno se na javi dešavalo nešto loše, makar kakva mala neprijatnost. San u kojem bi odbila da majci pruži čašu vode, predskazivao je srećan događaj, često i novčani dobitak. Tako se njena podsvest obračunavala sa majkom. Pravda je neumoljiva i u snovima.

U svesci ukradenoj u Vinkovcima nije beležila samo imena hotela i pansiona u kojima je boravila, priče i bajke koje je smišljala, vođena snažnim osećanjem za pravdu i istinu, već i snove. Uvek u budoaru, devojačkim sobama, prostoru za poslugu, tamo gde se govori u pola glasa. Gde senke nikada ne miruju. Gde se stalno smenjuju kikot, jecaj i uzdah. Međuprostor i međuvreme. I restlovi tuđih života, koji se, u nedostatku vlastitog, prizivaju. A svi ti božji stvorovi, služavke i baštovani, sobarice i kuvari, u službi po tuđim kućama, siročad su u potrazi za vlastitim domom, za ljubavlju.

7.

Kada je, trećeg dana po dolasku u *Skaletu*, napustio apartman i konačno se smestio u *svojoj* sobi, jutarnjim autobusom riječkog *Autotransa* otišao je po deo prošlosti u Rašu. Posle skretanja za Barban počelo je spuštanje u dolinu reke Raše. Prepoznao je vidike, uglove pod kojima bi se ukazala okolna brda, gole litice i močvarna ravnica obrasla u trsku i vodeno bilje. Autobus je naglo usporio pred oštrom krivinom. Na padini, sasvim pri vrhu brda, ugledao je ogromna slova: TITO. Bila su na istom mestu kao i pre pola veka. Neko je očito održavao memorijalni znak, redovno sekao travu, zalivao krečom strnjište kako bi slova bila vidljiva i sa velike daljine.

Kao da je juče bilo ono popodne kada su se topolinom vraćali iz Rijeke, nakon obilaska stana u blizini Guvernerove palate. Sestra i on sedeli su pozadi. Mama je sve vreme iznosila primedbe, a otac bi povremeno potvrdio njena zapažanja. Jeste, stan je u lošem stanju, trebalo bi mnogo uložiti u renoviranje. Bila je to konačna presuda.

Pogled mu se zamaglio. Čitav svet se urušio. Nikada neće biti Riječanin, stanovnik tog velikog grada u kojem se u svakom trenutku moglo uroniti u anonimnost, bez svedoka krenuti iz novog ishodišta, otpočeti jedno uspešno *od sutra*. U pravom trenutku imao bi pravu reč, jer je to jedan pravi grad. Opušteno prilazi devojkama. Ne ostaje bez teksta kada sufler u njemu zanemi a on se, crveneći, povlači na rezervni položaj tri spojena peškira na kupalištu Stoja. Samo je u Rijeci mogao da bude svoj, onaj koji jeste. Da ima devojku. U Rijeci bi se rodio jedan novi on: drzak, hrabar, uspešan, bonvivan.

Sa svakim pređenim kilometrom Pula je bila sve bliža, a obećani život, u kojem on nije ni stidljiv ni nesiguran, sve dalji. Ostaće u Puli, zatočenik malog, dosadnog grada. Na jesen će krenuti u gimnaziju. Sve će biti kao pre u tom sumornom gradu gde se svi međusobno, iz viđenja, znaju.

Zbogom, Fiume.

Topolino jedva savladava oštar uspon na prilazu velikoj krivini. U dolini Raše sunce je već zašlo, i samo se još na udaljenom visu zadržalo rumenilo sutona bacajući, povremeno, odsjaje na ogromna slova suverenovog imena.

Otada su prošle decenije. Ponovo je na trgu u Raši, u gradu samo šesnaest godina starijem od njega. Tu je zakoračio u postojanje. Tu se začeo zaplet mamine priče, koja je tokom pola veka meandrirala njemu dobro poznatim ritmom. Ista je to genetika, isti postupak kamuflaže kojim i on izbegava suočavanje. Koliko puta je mama, uvek na istom mestu, prekidala priču. Pri povratku iz Pule kvar autobusa u blizini Raše, nailaze udbaši u crnoj limuzini baronice Hiterot, jedna devojka i ona nastavljaju, sa njima, put za Rijeku. A onda, *deus ex machina:* večera u hotelu u Raši, pojavljuje se autobus – u međuvremenu volšebno popravljen – ona uspeva da se izbavi društva pripitih udbaša. Na kraju: „Mala iz Opatije ostala sa njima."

Tom rečenicom spuštena je zavesa na čitav događaj. Ili što je samo naznačeno da se moglo dogoditi da nije straha nataloženog u gluvim seoskim noćima, kasnije u šabačkom internatu, straha koji se upisuje u genetski kod potomstvu. Nikada ništa nije dokraja rečeno. Sve opcije bile su u igri. Otvoreni kraj priče. Slobodu izbora će dosegnuti tek pred kraj života, u zatonima demencije, nakon osam decenija borbe s avetima detinjstva. Zaboravom se oslobodila teškog zapta koji je sebi nametnula da bi što savesnije ispunjavala besmislene zahteve. Ništa više neće biti pod ključem. Konačno je odahnula. Bez strepnje za svaki sledeći dan koji je trebalo osvajati, uvek iznova uspostavljati vladavinu u nimalo naklonjenoj svakodnevici. Nestala je teskoba, onaj zgrčeni osmeh koji mu je u detinjstvu izazivao stid. Odlaskom u dom postala je smirena i blaga, nije ga više zasipala savetima bez objašnjenja. Pravila je duge stanke u razgovoru, svakoj rečenici prethodilo je razmišljanje. I hod joj se promenio. Opuštenost je uticala da se kretala lelujajući svojom malenom figurom. Bilo je neke otmenosti u toj mirnoći. Podsećala je na majku njegovog druga iz mladosti, Đanfranka, u čijoj kući nije bilo zabrana.

I zato, tokom onih retkih poseta majci u domu, osećanje da razgovara s nekom drugom osobom. Blizina smrti briše razlike između živih i mrtvih. Kroz prisećanja živih mrtvi i dalje učestvuju u životu. I baš je to umirujuće kod starenja: saznanje da je svet jedan, i nedeljiv.

Blaženo se osmehivala kada bi se pobunio negirajući njenu verziju nekog događaja kojem je bio svedok. Pominjala je osobe za koje bi prvi put čuo, dodeljivala im sudbonosne uloge u svom životu, ili bi one bliske snabdevala bizarnim osobinama. Tvrdila je da je deda Milan znao grčki. Više puta čula je Lizetu i njega kako razgovaraju na tom jeziku. Ako joj ne veruje neka pita urara Malešu. Govorio je deda Milan i albanski. Kako odakle? Tolike godine je proveo kao železničar po makedonskim i kosovskim zabitima. Zato su mu i deca znala albanski. U Kačaniku su pošla u školu. Posle su prešli u Zvečan. Kako to ne zna?

Pred put u Pulu, kada je u dnevniku otkrio Idu Rojnić, osobu o kojoj nije postojao trag u njegovom sećanju, uplašio se da je proces brisanja već počeo. Ponovo je posetio svog prijatelja neuropsihijatra i priznao mu je da je on taj književni junak koji gubi pamćenje. Dugo su razgovarali. Nije znao da mu odgovori da li je majka imala samo težak oblik staračke demencije ili je bolovala od Alchajmera? Odbijala je sve neprijatne preglede. Ne, nije bila na magnetnoj rezonanci. Ne pamti da je ikada otišla kod zubara.

Samo magnetna rezonanca pouzdano dijagnosticira Alchajmera, rekao mu je prijatelj. Zakazaće mu pregled ako želi.

Želi. Ali ne sada. Kada se vrati iz Pule. Da, ide ponovo tamo. Zimus je bilo kratko. Potrebno mu je barem mesec dana da koncipira roman koji piše. O čemu piše? Pa... o majci.

Te večeri dugo nije mogao da zaspi. Prevrtao se u krevetu, da bi tek pred jutro usnio. Bila je to više sugestija da spava nego pravi san. Sve vreme, u sluhu, glas prijatelja neuropsihijatra. Pominjao je zahteve predaka koji se nakon isteka zemaljskog života i dalje bore za svoje prisustvo u potomstvu, kovertirajući genetske pošiljke. Slikovito mu je objasnio učenje mađarskog psihoanalitičara Leopolda Sondija o familijarnom nesvesnom. Preci su u formi *latentnih recesivnih gena* prisutni u potomcima, nesvesno utiču na izbor ljubavnog i bračnog partnera, prijatelja, ideala, profesije, vrste bolesti i smrti, i na taj način upravljaju njihovom sudbinom.

Jer, i snovi se nasleđuju, rekao mu je prijatelj na odlasku. I zato, pri ispitivanju nečije genetske legitimacije nije dovoljno uzeti u razmatranje samo uzak porodični krug, već i sve ličnosti koje su datu osobu i njene najbliže krvne srodnike privlačile u ljubavi i prijateljstvu.

Ta poslednja rečenica pratila ga je kao eho sve vreme puta, noćnim autobusom, od Beograda do Pule. Kakva raskoš mogućnosti! U polusnu je video kolonu predaka u nemom hodu. Predvodi je deda Milan. Maše fenjerom dok korača deonicom pruge Sićevo–Ostrovica. Posle prelaska Albanije, plovidbe Jonskim morem, lečenja u Bizerti, proboja Solunskog fronta, službovanja u Makedoniji i na Kosovu, svoj život sveo je na tih desetak kilometara pruge koju redovno obilazi. Svaki prag poznaje. To su njegovi pacijenti, brine o njima, kontroliše da li na držačima šina čvrsto dihtuju čelični klinovi, u kakvom su stanju metalne podloške, da se nije negde prag rastočio. Evidentira nepravilnosti, i posebnom tehnikom brojanja označava poziciju praga na kojem je potrebno izvršiti neku intervenciju.

Sumnje nema, od deda Milana je nasledio pasiju brojanja, posvećenost radnjama koje se rutinski obavljaju, uživanje u suvišnim delatnostima, svejedno da li, po veličini, slaže prazne flaše i tegle na policama u špajzu, ili računa koliko je kilometara peške prešao protekle sedmice. Ali, više od svega, od deda Milana je nasledio samu strast hodanja, aktivnost kojom odlaže svakodnevicu, stavlja je na *stand by* poziciju. U času kada se nađe na ulici, zbog navodno neodložne kupovine, ili nekog drugog izmišljenog povoda, oslobođen je svih nametnutih obaveza, život teče onako kako je zamislio. Nikada u dijalogu, uvek u monologu. Ali, ono što nije nasledio od deda Milana jeste mirenje sa postojećim stanjem, blaženo osećanje da se ima vremena, da je svet takav kakav jeste, i da se po tom pitanju ništa ne može učiniti. On nije pristao na sebe takvog kakav jeste. Stalno u naporu da prevaziđe to privremeno obličje, da u jednome od onih *od sutra* konačno oslobodi pravog sebe.

A nije samo deda Milan hodao. I njegov sin imao je svoje deonice – beogradske ulice kojima je lutao izmišljajući besmislene razloge da zakratko ode od kuće. To je počelo posle šezdesete, kada je prestao da plovi i zauvek se vratio na kopno. Nije znao šta će sa sobom. Bio je nepripremljen za još jedan život koji ga je sačekao kod kuće.

I neki očevi prijatelji su hodali, bolje reći tumarali ostatkom života.

I njegovi prijatelji čine to isto. Često se pitao zašto je to tako. Nije nalazio odgovor.

A onda, u autobusu riječkog *Autotransa* na putu za Rašu, kroz glavu su mu prošli svi ti hodači. Shvata da su oni sami birali takve žene, takve kuće, takve svakodnevice, takve živote – iz kojih se posle beži. Birali su pogrešne odnose. Život sa takvim ženama je kao da su sve vreme u stajaćoj vodi. To traje godinama, dok ih jednom ne uhvati nervoza, pa počinju da se češu. Zatim kreće tumaranje.

Od dede po majčinoj strani, koji je umro pre nego što se on rodio, nasledio je sklonost promiskuitetu. Alkohol svakako. U tome su bili izdašni preci sa obe strane. Pravo je čudo da u međuvremenu, od silnog alkohola, nisu popadali, ostavljajući žene same na porodičnom stablu.

Izašao je iz autobusa na pustom trgu u Raši sa još dva putnika. Ukrcalo se njih četvoro. Kakav bedan saldo mršave ture na liniji Pula–Rijeka. Autobus je bez zadržavanja krenuo dalje, prema Labinu.

Osvrnuo se po toj praznini.

Prostor očišćen od ljudi. Idealan grad. Idealan život očišćen od odnosa, jer odnosi su uvek komplikovani. Imati samo okvir u koji se upisuje život po želji.

Raša je slepo crevo otkako je izgrađen autoput, onaj vražji Istarski ipsilon, kaže starac za šankom u malom bifeu, ispijajući pivo. Započeo je razgovor čim je nepoznati naručio kafu.

Nema više slučajnih putnika kao nekada, od kojih se imalo šta čuti. Ovde sada staju samo lokalni autobusi. Da nije on, ipak, greškom izašao? Po navici! Ta mu je dobra. Šta, nikada se nije duže od pola sata zadržao u Raši?

Za tolike godine jedva da je dan sastavio.

Mnogo je propustio. Zato je došao, da nadoknadi? Poznaje nekoliko Marijana Milevoja. Nisu u rodu, a liče kao da su rođena braća. Sa jednim je igrao fudbal u

„Rudaru". Uzor im je bio Toni Privrat, najbolji fudbaler kojeg je Raša ikada imala. Nije čuo za Privrata? Taj Marijan Milevoj koji piše libre ne živi u Raši. On je u Labinu, tamo njegov sin drži knjižaru.

Iznenada ima potrebu da se pohvali. Vadi ličnu kartu. Najstariji je rođeni Rašanin. Grad i on su vršnjaci, rođeni su istog dana. Četvrtog novembra Raši i njemu biće sedamdeset i sedam godina.

Deluje mlađe.

Ko? On ili grad?

Tokom dvadeset minuta, koliko se zadržao u bifeu, saznao je da je pre godinu dana izgoreo bioskop, tačnije, ono što se tako samo po inerciji zvalo. Godinama se u bioskopskoj dvorani nalazila prodavnica nameštaja. Poslednji film prikazan je pre četvrt veka. Starac za šankom bio je kinooperater.

U Raši odavno ničega nema na repertoaru. I kafić *Mona Liza* je zatvoren. Mnogo su za Rašu dva kafića. Kao u vesternu, ima mesta samo za jednoga. Sve je zamrlo, sem staračkog doma. Tamo ih je svakoga dana sve više. Kako nema groblja? Čitava Raša je jedno veliko groblje.

Ostavio je kinooperatera samog u bifeu, da vrti trake monologa i čeka sledeći autobus.

Opet sam na trgu. U dekoru predstave davno skinute sa repertoara. Napuštenost i očaj na svakom koraku.

Nema više parole na Trijumfalnoj kapiji: *Živio Tito!*

Pre Tita bio je Musolini.

Stajao je neko vreme kao prikaza na toj slici, možda minut, ili četvrt časa. A onda mu je sevnula misao. Raša je onaj nedostajući snimak magnetne rezonance. Pogledom na trg uspostavio je dijagnozu.

Arsia – Alchajmer.

Bioskop. Hotel. Starački dom.

Arhetipska matrica koja ga prati kroz život. Kao da je i on bio prisutan one večeri, u septembru 1949. godine, kada dva udbaša iz Labina, u društvu službenice Direkcije luka Severnog Jadrana i *male iz Opatije*, stižu automobilom baronice Hiterot u Rašu. Još uvek su na fasadi hotela tragovi slova bivšeg imena *Impero*. Međutim, najveća zgrada na trgu neće biti pod tim nazivom zavedena u svesci njegove majke, kada idućeg dana stigne autobusom u Rijeku. To ime, kojim je prekršten *Impero*, i koje je službenica Direkcije luka Severnog Jadrana uredno evidentirala, u međuvremenu je bez traga nestalo. Jer, kada on tokom sedamdesetih godina prolazi kroz Rašu, iznad ulaza u hotel svetli tabla: *Prenoćište Raša*.

Koliko mogućih scenarija te septembarske noći 1949. godine. A samo jedan se realizovao, onaj koji bi i on odabrao. Onaj po kojem je jedino moguće sačuvati se, odoleti opasnom iskušenju, ne upropastiti život zbog kratkog zadovoljstva. Svaki ljubavni čin je predvorje moguće konačnosti. Ulazak u život iz kojeg je posle nemoguće izaći. Klopka u kojoj se ostaje.

Koliko propuštenih žena samo zato što bi u trenu sagledao život koji sledi. Nema tog kondoma, tog abortusa, te zaštite koja bi sprečila da se ne dogodi najgore – zarobljavanje u životu koji nije njegov. Takvu grešku nemoguće je ispraviti. Strah ga je sačuvao.

Strah čuva i njegovu majku. Grešku koju je učinila odlazeći sa udbašima sigurno nije ispravila onim izmišljenim *deus ex machina* – po kojem autobus, dva sata kasnije, volšebno popravljen stiže u Rašu, i ona uspeva da se izmigolji iz pripitog društva i nastavi put za Rijeku – već udaljavanjem iz restorana za vreme večere, bekstvom u sobu bezimenog hotela. Prethodno je od portira dobila ključ, ostavivši mu ličnu kartu. Zaključala se. U sobi je bilo zagušljivo. Otvorila je prozor. Zatim je obučena legla u krevet. Pola sata kasnije neko je dugo kucao, zvao je po imenu. Onda je odustao. Sutradan je ostala u sobi sve dok se na trgu ispred hotela nije pokrenuo automobil baronice Hiterot. Tek tada je sišla u restoran na doručak, i oko podne krenula autobusom za Rijeku.

Kada se posle sat vremena ponovo vratio u bife, kinooperater je i dalje bio tamo. Stajao je za šankom, stamen, sa novom čašom piva. Mahnuo mu je čim ga je ugledao na vratima. Baš u tom času naišao je lokalni autobus za Pulu.

Predomislio se, nema više zadržavanja u Raši. Što pre nazad u *Skaletu*. Lizeta je već u vozu, putuje iz Soluna prema Trstu. Vreme je da se Hiterotovi konačno presele na ostrvo Sv. Andrija, da Barbara u Rovinju nastavi misiju svoga oca, barona Georga, da krene posao sa tartufima u Livadama, da se Lizeta doseli u kuću na San Polikarpu i započne romansu sa mladim muzičarem, da Diona Kesinis postane profesorka Fažov iz Ribarske ulice, da se okonča anglo-američka uprava u Puli, da se novi stanari usele u *Vilu Mariju*, da se proširi mreža *Jugoslovenskih železnica*, da urar Maleša očisti Titove satove na Brionima, da Goran Ban vrati logaritamske tablice onome od koga ih je pre četrdeset godina pozajmio, da Raša umre sa svojim presahlim rudnikom, da Marijan Milevoj napiše sve one libre o Labinu, Rapcu, Raši i Trgetu, da se dogodi ono što se dogoditi mora, kako bi rekao Tišma.

Otvoriće nov fajl, sve likove sakupiti na jednom mestu.

Autobus je stao ispred bifea. Izašlo je nekoliko putnika. Sledeći za Pulu je tek predveče. Okrenuo se prema kinooperateru, i tako sa vrata upitao ga kako se posle rata zvao hotel *Impero*.

Isto kao i restoran, *Central*.

Nemoguće!, uzviknuo je. Nikada na fasadi nije bilo toga naziva.

Ni meni na čelu ne piše da sam Mario Vončina, a ipak sam taj, rekao je kinooperater i podigao čašu piva u znak pozdrava.

8.

Nakon više od dve nedelje koje je Lizeta provela u Solunu, trebalo je pripremiti njen povratak u Trst. I kao što je, tragajući na internetu za „štutgartskom metodom" svoje majke, pod tim pojmom otkrio ne samo tramvajske koridore, već i izvesnog baštovana Ciglera – stručnjaka za uređenje parkova, koji je krajem 19. veka posetio Beograd – tako je i ovog puta, za svega deset minuta pronašao mnogo više nego što je očekivao. Umesto baštovana iz Štutgarta, pronašao je barona iz Minhena, Morisa fon Hirša, jednog od pet najbogatijih ljudi toga doba u Evropi, graditelja i koncesionara Istočne železnice, u čiji je sastav ušla pruga Solun–Beograd, linija kojom su Lizeta i njena majka u leto 1909. godine otputovale iz Soluna za Beč. Tim istim putem, četrnaest godina kasnije, Lizeta se vraća u Trst.

Na sajtu nalazi i zapis o svečanom otvaranju pruge.

„19. maja 1888. godine, u prisustvu mnogo pozvanih gostiju na graničnoj stanici Ristovac–Zibevče (koja se nalazila na turskoj teritoriji), svečano su položene poslednje šine za povezivanje Beograda sa Solunom. Turski ceremonijal bio je vrlo originalan. Na šinama je ritualno zaklan ovan, a jedan imam je prizvao Alahov blagoslov na okončano delo."

Nekoliko stranica dalje – što je u vremenu pet godina kasnije – nalazi svedočanstvo putnika Frančeska Ankone, trgovca iz Trsta, o graničnom prelazu Zibevče: „Stanična zgrada je neugledna, turske kompozicije se sastavljaju sa istočnjačkom sporošću, a pasoši se dugo proveravaju. Dok većina srpskih činovnika govori nemački ili francuski, s Turcima koji ih smenjuju, sporazumevanje je moguće jedino pomoću uobičajenog bakšiša. Karakteristično 'Javaš, Javaš!', umiruje nestrpljive. U svemu se oseća naglašeni azijatski stil. Ristovac je prag koji odvaja Zapad od Istoka!"

Dve godine nakon što je pruga puštena u promet, nije bilo nijednog direktnog voza od Soluna ili za Solun. Putnici u smeru Niša i Beograda morali su da, uz ogroman gubitak vremena, prenoće u primitivnom hanu u Zibevču, ili da fijakerom pređu granicu i smeste se u prenoćištu u Ristovcu. Zbog tog prenoćišta sa odlikama hotela po evropskom standardu, putnici u smeru Soluna bili su u prednosti. Od 1890. ove nevolje više nema. Direktni vozovi saobraćaju dvaput dnevno u oba pravca.

Ispod teksta je razglednica železničke stanice u Ristovcu. Jednospratnica od kamena, kakve se ne bi postidela nijedna evropska varoš, širokih, lučno zasvođenih prozora, sa žardinjerama ispod metalne nadstrešnice. S oba kraja ograde, koja odvaja prostor ispred ulaza zgrade od perona, nalaze se kandelabri. Odmah do zgrade stanice je nešto niže zdanje sa restoranom u prizemlju, i prenoćištem na spratu. U gornjem levom uglu štampanim ćiriličnim slovima piše:

Поздрав са Срūско Турске Границе
Рисūовачка ресūаурација и ūреноћишūе
Закуūац Ђорђе Рош

Na razglednici ne piše godina nastanka. Ispred zgrade stanice, na prilazu peronu, tačkasti obrisi putnika.

Isti prizor, ali bez putnika, na fotografiji koju pamti iz porodične arhive: mladi železničar sa ženom i dva sina.

Godinu dana nakon okončanja Velikog rata, dvadesetosmogodišnji Milan Velikić, nosilac Albanske spomenice, solunski borac, najmlađi otpravnik vozova u Skoplju, biće po kazni premešten u Ristovac. U toj stanici, koja je nestankom granice sa Turskom izgubila svaku važnost, i u kojoj se više nisu zaustavljali brzi, međunarodni vozovi, počeće novi život degradirani železničar i njegova šest godina mlađa žena Danica. U Ristovcu im se rađaju sinovi Vojislav i Dragomir. Odrastaće uz prugu, gledati vozove, mahati putnicima, i seliti se po toj pruzi kako se otac, sklon alkoholu, bude spuštao na lestvici železničarske hijerarhije, da bi se deceniju kasnije ušančio u zvanju čuvara pruge u Sićevu. Tu će sačekati i penziju, nastavljajući da svakoga dana u cik zore obilazi svoju deonicu od sićevačke elektrane do Ostrovice.

Tu će i njegovi unuk i unuka provoditi leta. Došli bi sa majkom već na početku školskog raspusta, i ostajali sve do kraja avgusta. Putovanje noćnim vozom iz Pule do Beograda, zatim presedanje u brzi za Niš, i onda *radničkim* u tri po podne stižu u Sićevo. Na peronu ih čeka deda Milan.

Već prvog dana sledio je tajni ritual. Čim bi ostao sam, unuk je uzimao uramljenu fotografiju strica Dragomira, iznad bakinog kreveta, i upoređivao je sa svojim likom. Svake godine bi konstatovao sve veću sličnost. U pravu je baka Danica: više liči na strica nego na rođenog oca. Široko čelo, nos, usne, pogled – kao preslikani. Ali, daleko je još dvadeset i prva godina života. Ta poslednja godina koju je stric Dragomir doživeo – kada bi trebalo da njihova sličnost dostigne zenit – činila mu se nedostižnom.

Jednog dana obukao je vuneni prsluk sa tri rupe od metaka na grudima, koji je baka držala pod jastukom, i pojavio se na verandi. Sledio se od krika. Bakino lice bilo je kao kreč. Odmah je skinuo prsluk. Ostale su mu u sluhu reči: „To je loš znak!"

Sedam godina kasnije preživeo je, ipak, saobraćajni udes kod Vinkovaca. Imao je dvadeset i jednu godinu. Otada njegovo lice stari samo za sebe.

Da li je zaista likom isti stric Dragomir, kao što je govorila baka Danica? Ako jeste, to beše pre četrdeset godina, kada su bili vršnjaci. Da li bi i u šezdesetoj ličili jedan na drugog, da je stric doživeo starost? Ili postoji nešto mnogo bliže od svake fizičke sličnosti što povezuje dve osobe? Pre svega, utisak o sličnosti. To je nepromenljivo. Neizbrisivo, koliko god da je dug životni vek.

Pozadina stričeve pogibije postala mu je jasnija kada je u jesen 2011. godine učestvovao na književnoj koloniji u

Sićevu. Od jednog mladića iz sela saznaje da je za vreme rata postojalo Gornje i Donje Sićevo. Jedni su simpatisali partizane, drugi četnike. Demarkaciona linija išla je sredinom sela. U početku svi su nosili šajkače, pa su neki, već prema okolnostima, prišivali čas petokraku, čas kokardu. Tokom četiri dana na koloniji u Sićevu zbližio se sa tim mladićem. Jednog jutra otišli su do osamljene kuće na nizbrdici ispod zadruge. U bašti su ugledali staricu nagnutu nad gredicom salate. To je bila žena sa kojom je stric Dragomir, komandant sićevačkog partizanskog odreda, bio u ljubavnoj vezi. Kriomice je napravio dva snimka. Na zvuk kamere mobilnog telefona, starica se naglo uspravila. Pogledi su im se sudarili. Odmaknuo se od ograde. Starica se sagnula, i nastavila da kopa.

Kopa i on. Vidi svog dedu kako u zoru, nakon dojave o pogibiji sina, juri zavejanim prečicama u selo. Koje mu misli prolaze kroz glavu dok nose mrtvo telo prema kući, u Stražaru broj 15? Da li bi Dragomir bio živ da je on ostao u Skoplju, napredovao u službi, vodio neki drugi život daleko od nedođije u kojoj se zaglavio sa svojom porodicom?

Godinama nakon Dragomirove pogibije, zvanična verzija bila je da su ga ubili četnici, iz zasede. Posle su to bili Bugari. U potaji, kružila je i priča o ljubavnom trouglu. Kada se pola veka kasnije raspala jedna ideologija, zajedno sa zemljom koju je stvorila, čule su se i druge verzije. Navodno, Dragomira su ubili njegovi. Izbile su na površinu gadosti i zlodela lažnih heroja. Opet su se budile aveti koje će povesti u smrt hiljade i hiljade nevinih. Zavladale su ništarije i manipulatori. Priče na lokalu uvek su nešto drugačije, ogoljene u bednom pokušaju da se pohlepi, zavisti i zlu obezbedi pokrov ideologije. Pobednici kasnije kanonizuju prošlost u hronikama i udžbenicima, enciklopedijama i leksikonima.

Preterivalo se u demonizovanju pobednika iz 1945. godine, pa je žal za pravednicima među njima – žrtvama intriga svojih saboraca – poslužio kao zgodan alibi za buduće zločine licemernih revizionista, koji su preko noći promenili stranu. Njihova pobeda nakon raspada Jugoslavije neće biti pobeda jedne ideologije, već trijumf mentaliteta – zapravo, odraz ljudskog negativnog potencijala.

Nakon posete Raši, i tumaranja pulskim ulicama, ponovo je pred ekranom laptopa. Svetlo u sobi na drugom spratu hotela *Skaleta* goreće sve do jutra. Prizori i ljudi iskrsavaju po nekom višem redu, u kojem on zapravo nema udela. Pravi doživljaj nastupa tek kada sve prođe. Ne može se biti vlasnik dividendi prošlosti i istovremeno punim plućima trošiti život. Dok traje, samo je delimično prisutan u događaju, jer valja markirati svaki detalj. Tek na reprizi biva svestan propuštenog. Zato on živi unazad. Kao što je živela i njegova majka. Prošlost nikada nije završena, stalno se dorađuje. Uvidi u živote drugih ljudi nekada se tako duboko utisnu u osećanja i misli da postanu delovi života samog posmatrača.

Fotografije u Lizetinoj sobi pripadaju njegovom životu isto koliko i one iz porodičnog albuma u Stražari broj 15; kolekcija predmeta pronađenih na deonici pruge od sićevačke elektrane do Ostrovice diše istom magijom kao i sve one marame, svilene čarape, šalovi, rukavice u fiokama Lizetinog ormana. Tragičan kraj Barbare Hiterot i njene majke (ili možda bake?) zaokuplja ga istim intenzitetom kao i pogibija strica Dragomira.

Svuda oko sebe osećao je nevidljivo prisustvo drugih. Da li je vlasnik jedne biografije, ili je sazdan od više njih? Čije živote živi? Zašto događaje koji nemaju nikakve veze sa njegovim životom proživljava kao da su deo porodične istorije? Fiksacije i opsesije najava su seizmološke aktivnosti svesti koja će, u nekom trenutku, u vezu dovesti naizgled nespojivo. Nikako mu iz glave ne izlaze reči prijatelja neuropsihijatra da genetska legitimacija ne uzima u obzir samo uzak porodični krug, već i sve ličnosti koje su datu osobu i njene najbliže krvne srodnike privlačile u ljubavi i prijateljstvu. Beskraj mogućnosti!

Da li preko Lizete bliskost sa Barbarom Hiterot? Identifikacija sa poraženom stranom, svejedno da li se radi o indijanskim plemenima ili o taocu porodične patologije koji preuzima ulogu gromobrana, preusmeravajući na sebe negativnu energiju okoline. Jer, Hiterotovi se nisu libili da na portrete tuđih predaka, kojima su prekrivali zidove svojih rezidencija u Trstu i na Sv. Andriji, stavljaju porodični grb, u težnji da lažno predstave vekovni plemićki status. Dugačka je lista grehova na putanji svakog bogaćenja, pa tako i dosije Hiterotovih krije mnoge tajne, još od vremena kada je predak Filip, trgovac vunom iz Kasela, sredinom 18. veka stigao u Trst.

Zašto je Barbara kraj rata dočekala u mišolovci svoga ostrva? Umesto da se na vreme sklonila u Italiju, i tako sačuvala život, kao što je to učinila ćerka vlasnika *Vile Marije*, i hiljade drugih. A mogla je. U monografiji Hiterotovih, koju mu je poklonila direktorka muzeja, pominje se pismo naslovljeno sa *Planovi za prodaju poseda*, koje je Barbara uputila svome advokatu u Trst, Đulijanu Ancelotiju, 1. avgusta 1938, samo godinu dana uoči početka Drugog svetskog rata. Možda je i ranije bilo planova za prodaju ostrva Sv. Andrija, kada su cene nekretnina imale višu vrednost, i kada nije bilo senki bliskog rata? Da li se Barbara protivila opciji prodaje, koju je verovatno podsticala majka, sklona rešavanju dugova otuđivanjem pokretne i nepokretne imovine?

Barbara je bila prva od Hiterotovih koja se stopila sa životom malog ribarskog mesta. Bila je dobri duh Rovinja. Nakon jedne nesreće u rovinjskom kamenolomu ona je, rizikujući vlastiti život, izvukla polumrtvog radnika iz jame. Za taj hrabri čin stići će iz Rima orden za građanske zasluge. Tim povodom Hiterotovi prave feštu u Rovinju. Svira se i peva. Među okupljenima na trgu su i budući egzekutori OZNE, koji će, dvanaest godina kasnije, u noći 30. maja 1945, toljagama do smrti pretući Hiterotove, i tako okončati istražni postupak prema neprijateljima naroda. Ali, tog aprilskog dana 1933. godine, kada se čitav grad okupio na proslavi ispred hotela *Adriatik*, oni su još uvek samo mladići iz siromašnih rovinjskih kuća. Neki od njih već idu na ribarenje, plove svakoga dana pored ostrva Sv. Andrija, gde se, među pinijama i borovima, nazire dvorac Hiterotovih. Priče o njihovom bogatstvu sa godinama dostižu razmere legende. A kada se, u maju 1945. godine, Rovinj sa ostrvima Sv. Andrija i Sv. Katarina, nađe u zoni partizanske vlasti, bogatstvo Hiterotovih postaće njihov usud. Biće to još jedna priča o razmerama ljudskog zla.

Sa bezbednog rastojanja od istorijskih lomova i katastrofa lako je lamentirati šta je u određenom trenutku trebalo učiniti. Uostalom, zar nije on bio taj koji se, krajem osamdesetih godina 20. veka, opirao očevoj ideji, koju je predano samo sestra podržala, da se proda vikendica u Pomeru. Jer, već tada se naslućivalo da se zemlja raspada, da, pod maskom borbe za demokratiju i građanske slobode, sile mraka preuzimaju vlast. U novinama je bilo sve više oglasa u kojima su vlasnici nekretnina iz Srbije prodavali vikendice na Jadranu. Beograđani su odlazili iz Rovinja. Pucalo se po Gorskom Kotaru i u Slavoniji, a on je i dalje živeo u zabludi da će u poslednjem trenutku neki *deus ex machina* sprečiti katastrofu. Njegovo ponašanje bilo je tim čudnije, budući da je godinu-dve ranije intenzivno čitao memoare i dnevnike pisaca koji su živeli u sutonima epoha, u vreme izbijanja revolucija i ratova. Pa, iako je imao to iskustvo iz druge ruke, koje je nedvosmisleno ukazivalo na redosled predstojećih zbivanja, nije se mirio s idejom prodaje kuće u Pomeru. Jer, to bi značilo odustati od prostora koji je njegov zavičaj, odustati od čitavog jednog nasleđa. On nije turista. On u Puli ne letuje. On u Puli živi. I kada je mesecima, godinama fizički odsutan iz grada svog odrastanja, on tome gradu pripada. Kao što i taj grad pripada njemu. Stvorio je otiske Pule u svojim romanima. Nema tog katastra koji mu može osporiti vlasništvo.

Majka je, usled patološkog straha od selidbe, podržala njegov predlog da se kuća u Pomeru ne prodaje. Otac i sestra su na kraju prihvatili *status quo* situaciju. Dvanaestog septembra 1991. godine poslednji put se okupao na plaži kampa u Pomeru. Sunce je naglo zašlo iza oblaka. Čitav zaliv našao se u senci. Obuzeo ga je panični strah. Zaplivao je prema obali, udaljenoj svega desetak metara. Činilo mu se da stoji u mestu. Onda je s olakšanjem osetio tlo pod nogama.

Uveče je pospremio pisaći sto, složio knjige na polici. Iz vitrine ga je posmatrala figura violiniste od modrog kobalta. Sutradan je, poslednjim letom JAT-a iz Pule, otputovao za Beograd. Roditelji će, dve nedelje kasnije, ključ kuće predati Milićima. Nikada se nije pitao kako su se oni osećali na odlasku. Bio je povređen njihovom odlukom da se vrate, umesto da ostanu, i tako sačuvaju kuću. Zar im ne bi bilo lepše na moru nego u beogradskom soliteru? I posle trinaest godina od selidbe u Beograd, mama je još uvek imala više pouzdanih majstora u Puli. Tamo su im toliki prijatelji i poznanici. U Beogradu ionako samo zimuju. Bezuspešno je pokušavao da ih nagovori da ostanu. Njihovu odluku tumačio je staračkim egoizmom, strahom da ostanu sami jedan naspram drugog – da se suoče i podnesu završni račun. Potrebno im je bilo okruženje dece i unuka kako bi zaboravili na starost.

Sveden na prostor tesnog stana u soliteru, otac je preduzimao svakodnevna tumaranja Beogradom. Izmišljao razloge da bude van kuće. Nije mogao da prežali nemački alat koji je ostao u garaži u Pomeru. Umro je četiri godine nakon odlaska iz Pule.

Majka je tonula sve dublje u demenciju.

Početkom decembra 1998. godine ponovo je došao u svoj grad. Povod je bio susret umetnika sa područja bivše Jugoslavije, u organizaciji udruge *Homo*, koju su vodili glumac Igor Galo i njegova žena Mirjana. Gosti su bili smešteni u hotelu *Rivijera*. Dobio je sobu sa pogledom na park. Izašao je na balkon, i udahnuo noćni vazduh. Između stabala nazirala su se udaljena svetla na rivi. I tada se setio ćerke vlasnika *Vile Marije*, koju je posmatrao, skriven u dvorištu, dok je stajala na terasi njihovog stana. Nije pamtio njen lik, ali ista je to situacija: naći se u svom gradu posle nekih godina. Bio je, istovremeno, i posmatrač i posmatrani. Napokon je došao u posed gubitka. I njegov pogled postao je gorak i tvrd.

Svaka priča živi u onoliko verzija koliko je učesnika, glavnih i sporednih, nemih svedoka sa strane, ili tek opsesivnih naratora u dosluhu sa dešavanjima koja su im prethodila. Ta ga misao ne napušta dok u sobi hotela *Skaleta* prelazi razdaljine u prostoru i vremenu, i na ekranu laptopa ispisuje priču koja je počela mnogo pre nego što su rođeni oni koji će mu podariti život. Nastajala je mimo svesnih odluka i namera. Pa, tako, premeštaj mladog otpravnika vozova iz Skoplja u Ristovac, prouzrokovan njegovom sklonošću alkoholu, zapravo je posledica genetske donacije nekog pretka, kako bi to objasnio mađarski psihoanalitičar Sondi. Nemoguće je sa sigurnošću utvrditi poreklo opsesija koje intoniraju čitavu jednu egzistenciju. U slučaju njegove majke, partitura po kojoj se živi bila je ona sveska nestala jedne novembarske noći 1958. godine u Vinkovcima. Međutim, gubitak spisa nije zaustavio već uhodani mehanizam. Ostalo je usmeno predanje, svejedno da li se trebalo setiti recepta za slatko od ruža, imena dubrovačkog hotela, ili basne o ljubavi pčele i mrava.

Život je velika zabuna, govorila je ona. Koliko toga nastane iz pukog očaja, iz straha. Važno je samo nikada ne odustati.

Nije odustajala. Uporno je terala po svome. Čak i onda kada je sećanje počelo da je izdaje. Satima je tragala za odbeglom reči, i ne bi se smirila sve dok je ne pronađe. Tako je bilo u početku, dok su u memoriji postojali putevi. Kasnije se demencija širila kao poplava, rušila mostove, pretvarala prošlost u arhipelag izolovanih ostrva. Mešala je ijekavicu i ekavicu. Prilikom poslednjeg susreta govorila je fijumanskim dijalektom.

Kada sa prozora svoje sobe u hotelu *Skaleta* pogleda prema uglu, gde je bilo zborno mesto male porodice nakon predstava u bioskopu *Istra*, jasno čuje mamin glas. Već tu počinje korigovanje filmske priče, traženje rešenja kojima bi se izbegle opasne situacije i tragedije. Na sestrinu primedbu da nikakve priče ne bi ni bilo ako bi se unapred sve moglo predvideti, ona odgovara da su iskušenja na svakom koraku, da je priča mnogo više nego ljudi, i da baš zato uvek postoji izbor. Nije sumnjala u besprekoran kurs koji omogućava uspešne plovidbe.

A baš taj kurs on traži u pokušaju da organizuje celinu, da iscrta shemu po kojoj se odvijao njegov život, pre nego što se opet pojavi neka Ida Rojnić i prebriše deo sećanja. Kada se pogled unazad meri decenijama, nema enigmi na putu, sve je logično, jedno iz drugog proizlazi. Nikako drugačije i nije moglo biti.

U gradu u kojem je odrastao, gde su osim Hrvata živeli svi narodi tadašnje Jugoslavije, ali i Italijani, i nešto

Mađara, sestri i njemu dopale su dve Grkinje. On je imao Lizetu, sestra Dionu. Podatak koji može zatrebati. I zato ga odmah zapisuje. Do jutra će sto u hotelskoj sobi biti prekriven žutim ceduljama. Nasumice beleži. Misli samo izviru, pokušava da ih sortira, da im odredi mesto.

Lizeta je njegovo ogledalo. Prepoznaje se u njoj.

Lizetino sećanje Soluna i njegovo je sećanje. To je ono što ga povezuje sa svetom, što ga lišava straha. Pred njim se otvara beskraj.

Život je prostraniji od svake priče. Ne može se svesti na ograničen broj likova i situacija.

Pogledi vlasnica hamburških hotela i pansiona. Kao rendgen, sve snime, rekao bi Tišma.

Tišina. Nikoga nema da prođe ulicom pored hotela *Skaleta*. Zanemeli trotoari.

9.

Krenula je jutarnjim vozom iz Soluna za Beograd, polupraznim vagonom prve klase. Nije to više bila ona osoba koja se tri nedelje ranije iskrcala na solunskoj rivi. Ne zato što je u Solunu počela da puši – navika koju će, povratkom u Trst, neko vreme prikrivati, a koja će sa godinama postati njena strast – već po naglo stečenom osećanju slobode. Trebalo je da dođe u rodni grad, da se uveri da nema više ničega što ona pamti, pa da se oslobodi strepnje. Otkako zna za sebe, stalno teskoba u grudima, uznemirenost uoči nastupa u muzičkoj školi, strah zbog majčinih kratkih iščeznuća, tupi očaj tokom prvih nedelja u internatu gospođe Haslinger, jeza od nemačkih reči na koje se tako sporo navikavala.

Teskoba i čekanje.

Čekanje na očeva pisma, na mamine dolaske u Beč za vreme letnjeg raspusta. Čekanje da se smiri situacija u Solunu, i da konačno otputuje u svoj grad. Čekanje da prestane rat, da napusti tršćanski dom Benedetijevih, da stigne glas o preživelima posle požara u Solunu. Čekanje

na završni obračun rođaka Maura za njeno izdržava-
nje, koji će značajno umanjiti deo nasledničkih dividendi.
Čekanje na nešto više od poljupca od plašljivog Etora, dok
su se ljubili među iskopinama rimskog pozorišta ispod
Ulice Donota. Čekanje da se sama od sebe prekine veza s
Atilijem. Čekanje da se Đorđo javi nakon odlaska iz Trsta.
Čekanje na duži ugovor u Teatru Verdi, i da posle dve
godine u operskom horu dobije ulogu.

I onda, preko noći, u solunskom baru Atika, odbacila je
čekanje, ropsku disciplinu koja deformiše život. Zbog opreza,
kojem se klanjao kao vrhunskom božanstvu, u šta se pretvo-
rio njen otac? U čemu je našao odušak? U kaligrafiji? Kuda
ga je odvelo uzbuđenje sa kojim je ispisivao prijave i odjave
gostiju? Proživeo je život kao moljac, slepljen sa stvarima,
spora koraka, praćen sinkopom štapa. Nema više ni oca,
ni stoletnih knjiga gostiju Ksenodohion Egnatia. Ostala su
njegova pisma. U njima je najviše podataka o vremenu. Ni
čitava strana mu ne bi bila dovoljna da opiše avgustovske
zapare. Ali, zato samo reč-dve o majci i sebi – da su dobro.

Ona više nikoga i ništa neće čekati. Ići će uvek u susret.
Kao što voz ide u susret stanicama na kojima zastaje.
Polikastro, Gefira, Idomeni, Đevđelija. Ili, onima pored
kojih prođe bez zaustavljanja. Čija imena jedva da uspe
da pročita.

Negde na tom putu je i bivša tursko-srpska granica.
Da li će prepoznati stanicu na kojoj su majka i ona pro-
vele čitavo popodne, u čekanju? Gde se za vreme ručka u
restoranu toliko uplašila da je posle povraćala. Majka je
otišla u toalet, i dugo je nije bilo. Neki bradati ljudi sedeli
su za obližnjim stolom, pričali na nerazumljivom jeziku,
i smejali se.

Posle Polikastra pruga ide uz obalu Vardara. *Voda vodu doziva.* Lizeta je u mislima na brodu Patras. Seća se reči svoje saputnice Matilde Kesinis. *U kartama sve piše.* Zvezde su joj naklonjene, bolesti će je zaobilaziti. *Duboka starost.*

Na granici je gužva. Međutim, pune se samo vagoni druge klase.

I dalje je sama u kupeu.

U vozu će otkriti da joj nedostaje pet čekova Banko di Roma. Nije joj prvi put da je ljubavnik pokrade. Koliko je novca Đorđo uzeo uoči odlaska. *To zna ona, i niko drugi.* I tako će ostati u svim tim životima koje je videla Matilda. *Biće sama. Živeće bez svedoka. Nikome neće polagati račune.*

Andrej, plavokosi violinista, ruski emigrant koji joj je prodao priču da u Solunu čeka papire za Ameriku, mogao ju je sasvim pokrasti, uzeti i nakit. A nije. Sa njim zatvara knjigu o Solunu. *Jedan od onih života koje je Matilda najavila.*

Poslednja noć u Bristolu. *Koliko je takvih noći njena majka imala? U jednoj od njih možda je i ona začeta?* Likom i stasom je na majku. Očev je karakter. Pogubljenost spakovana u ritualima reda. Strah maskiran strpljenjem. *Glupost! Ništa od toga nije njeno.* Da je na oca, još bi živela u zatočeništvu tršćanskih Benedetija. Ne bi odmakla dalje od Etorovih poljubaca. Na nekog oca svakako jeste. Ali, teško da je izašla iz brade Ambrođa Benedetija.

„Edirne, edirne", pevuši u sebi majčinim glasom.

Pričalo se da je majka u porodicu Benedeti ušla u uniformi sobarice. Lepuškasta Grkinja iz Trakije zapala je za oko starijem sinu vlasnika Ksenodohion Egnatia, povučenom neženji koji je sa ocem vodio hotel. Otac je naprasno umro od srca, a sin se oženio. Tri godine kasnije rodila se Lizeta.

Nikada nije upoznala majčine roditelje, oni su rano umrli, u Trakiji. Živeli su u nekom selu blizu Edirne. To je sve što je znala. Nije bilo fotografija. Prošlost majke bila je sklonjena. Zapravo, životi roditelja bili su skriveni. Živeli su po nekom prećutnom dogovoru. Nisu se svađali, ali ni ljubili, ni grlili pred Lizetom. Bio je to oduvek život u internatu. Majka bi povremeno nestala na nekoliko dana. Uvek isti očev odgovor da je mama na putu. Tih dana duže je ostajala sa guvernantom u Bešinarskim vrtovima.

Voz ulazi u neki veći grad. Pojavljuje se stanica. Dugačka nadstrešnica na pročelju pod kojom je gomila putnika. I natpis: Skoplje.

Tek je trećina puta do Beograda. Od konduktera saznaje da ne kasne. Imaće večeras u Beogradu puna dva časa da uhvati Simplon ekspres za Trst. Ponavlja nekoliko puta, na slabom nemačkom: „Belgrad Abend zwei Stunde warten." Pita ga gde je nekada bila tursko-srpska granica. Zbunjeno je gleda, i odlazi bez odgovora.

Posle Skoplja nije više sama u kupeu. Sa njom je par koji putuje za Beograd. On je lekar, studirao medicinu u Beču. Pre šest godina prolazio je tim putem; ne u vozu, već peške, sa sanitetom srpske vojske. Probijao se Solunski front.

Zna gde je bila srpsko-turska granica. Pokazaće joj; do tamo ima još dva sata vožnje.

Posle su oboje zadremali.

Kao dete plašila se ljudi koji spavaju. Budili su u njoj veći strah od mrtvih. Jer, mrtvi su mirni u svojoj konačnosti, a oni koji spavaju su mrtvaci koji se kreću.

Ženi je glava pala na muževljevo rame, disanje joj je postalo glasnije. U jednom trenutku on je otvorio oči. Osmehnuo se Lizeti. Žena se trgla iz sna kada je počela da hrče. Ili ju je muž diskretnim dodirom probudio? Osvrnula se sneno, zatim spustila glavu na plišano uzglavlje i zažmurila. Možda se postidela, pomislila je Lizeta.

I muškarac je opet dremao. Delovali su jako umorno. Od njihovog umora i Lizeti se prispavalo. Jedva da je prethodne noći oka sklopila. Tek pred jutro, kada je Andrej otišao. Kada li je uzeo čekove? Naslonila je glavu na smotuljak zavese pored prozora. Sedela je u smeru kretanja voza.

Uvek su na istoj udaljenosti tamna i svetla strana. Dva sveta koji postoje istovremeno. Uvek biraš. To su Matildine reči na rastanku u Pireju. I Lizeta je odabrala.

Život je nepregledna partitura puna neočekivanih prelaza i promena tonaliteta. Život su Atike, emigranti koji čekaju brod za Ameriku, varalice sa dušom, prerušene dobričine poput njenog oca – licemeri koji veruju da se sve može kupiti. Osam godina je taj moljac pisao pisma svome detetu. Osam godina je misao o njemu u njoj zarobljena, onako kako ju je on stvorio, i u pismima održavao.

Osmehuje se u sebi od muke koju u njoj izaziva pomisao na taj život koji je vodio njen otac. Strašljivac i voajer, obeležen osušenom nogom. Nikada nije išao na plažu. Uvek u fijakeru. Kolekcija skupocenih štapova. I šešira…

Trgla se na dodir. Beše zadremala. Lekar joj kaže da upravo stižu u Ristovac, na bivšu srpsko-tursku granicu.

Žena spava u uglu pored vrata.

Lizeta ustaje i spušta prozor. Vagon staje naspram prizemne kuće i bašte sa alejama ruža. Sasvim desno je zgrada stanice. Nema kandelabara koje pamti, ni nadstrešnice sa begonijama. Ali pročelje jest ono od pre četrnaest godina.

Mada, ne razlikuje se od železničkih stanica koje je viđala širom Monarhije. Isti oblik prozora, gornja ivica lučno zasvođena, ukrašena crvenom ciglom.

Na peronu su samo dva putnika – upravo su sišli iz voza. I otpravnik vozova koji u ruci drži palicu. Čeka se polazak.

Tada se na stazi u bašti, tačno preko puta prozora na kojem stoji Lizeta, pojavljuju dva dečaka. Drže se za ruke. Onaj stariji nema više od tri godine. Mlađi tek što je prohodao. Prilaze drvenoj ogradi i gledaju u Lizetu.

Zvuk pištaljke. U sledećem trenutku ventili lokomotive ispuštaju prodorno šištanje, podiže se oblak pare, vagon naglo cimne.

Dečaci stoje bez pokreta, kao lutke. Lizeta im mahne. Onaj mlađi se nasmeje, i počinje da maše obema rukama. Od tih naglih pokreta se zateturao. Stariji ga pridržava da ne padne.

Lizeta ne prestaje da im maše. Isturila je glavu i gleda kako se udaljava stanica, ograda, i dva dečaka koja više nikada neće videti. Jer, ni ono mesto na bivšoj srpsko-turskoj granici, za koje saputnik u vozu tvrdi da je baš ovo koje su upravo prošli, više ne postoji. Ništa se ne može ponoviti, i od toga saznanja svet je odjednom postao pristupačniji, i manje stran. Neće se više ničega plašiti, obećava sebi. Žmuri na vetru koji je sve jači, u nozdrvama dim parnjače. Zatvara prozor.

Sve do Beograda razmenjuje poglede i osmehe sa ženom, povremeno razgovara sa lekarom. Kada je saznao da je živela u Beču, priseća se nekih mesta, pominje kupališta na Dunavu, plesne dvorane, pozorišta. Lizeta mu kaže da su Beč jednog studenta i Beč štićenice internata, dva sasvim različita grada.

Obraza priljubljena uz staklo prozora, odsutno posma-
tra pejzaž. Vrši smotru svih onih fizionomija na koje je
nailazila tokom tri solunske nedelje, po kancelarijama u
policiji i katastru, uveče u barovima i na terasama resto-
rana. Tek joj je dvadeset i šest godina. Pred njom je raširen
dlan sveta. Nosi duboku emociju iz svog grada. Lice Soluna
je grubo, ali dobroćudno i čisto, kao lice Panajotosa, portira
iz Bristola. Duše gradova su duše ljudi koji u njima žive.
A ljudi se kreću, pomeraju gradove. Putuje jedan Solun sa
njom u Trst; ukrštaće se Via Cavana sa Ulicom Kuskura;
osvanuće fasada Ksenodohion Egnatia na pročelju neke
palate na Kanalu Grande.

Disala je svoj budući život. Otići će na proleće sa Barba-
rom na ostrvo Sv. Andrija, seliće se svuda gde je put bude
vodio, bez prijava i odjava, snažna, punih pluća, u koja
staju svi krikovi i mukli uzdasi rebetika. „Edirne, Edirne.
Salonika, Salonika. Trieste, Trieste."

10.

Jedno multicentrično neurološko istraživanje sa četiri kalifornijska univerziteta, u periodu od pet godina, pokazalo je da je 75 posto od 1265 ispitanika kojima je dijagnostifikovan Alchajmer, još od detinjstva imalo opsesiju sastavljanja lista, prepisivanja telefonskih imenika i adresara, evidentiranja svega i svačega. Većina ispitanika je od ranih godina ispoljavala bojazan od gubljenja informacija o svetu oko sebe. Čitavog života zapisivali su gde i sa kime su proveli rođendane, praznike, godišnje odmore. Tu su i podaci o avionskim letovima, liste knjiga koje su pročitali. Više od 80 posto ispitanika vodilo je dnevnik.

Demencija je kao otopljavanje leda na Zemljinim polovima, slikovito je objasnio jedan od vođa tima, profesor Eduardo Dalasko sa neurološke klinike u San Dijegu. Kompaktna teritorija raspada se na ostrva. Vode je sve više, kopna sve manje. Oboleli od Alchajmera postaje zatočenik okeana zaborava.

III

Mama,

Počeo sam da zaboravljam. Javljaju mi se osobe koje ne poznajem. Sve više je imena kojih ne mogu da se setim. Teši me da zaboravljeno nije izgubljeno, kako si govorila. Da je samo zatureno.

Dužan sam ti ovo pismo. Zbog naših razgovora. Zbog Lizete. Zbog svih onih žena, zatajnih i nemih, poput Đanfrankove majke, kojima sam se divio. Zbog stida koji me je sačuvao kao vosak.

Zbog sveske ukradene u Vinkovcima, koja je moja krštenica.

One večeri u ljubljanskom hotelu *Slon*, kada ste mi kupili *Vinetua*, započeo sam u notesu svoj niz hotela. Iz Ljubljane otputovali smo u Rijeku. Posle *Slona*, došao je na red sušački *Neboder*. Idućeg dana prešli smo iz hotela u vilu kod tvojih bivših gazdarica, Milkice i Irme Car, Vidikovac 4. Bio je moj dvanaesti rođendan. Poklonile su mi *Na Rio de la Plata* Karla Maja. A tamo, već na početku romana, pominje se hotel. Odmah sam ga dopisao na svoju listu. Verovao sam da tako oživljavam tvoju svesku. Otada nauk da je život i ono što stoji u knjigama, da granice nema. U ljubavi su pčela i mrav, baš kao u bajci koju si mi često čitala. Nikada je kasnije nisam našao. A tražio sam je i kod braće Grim, i kod Lafontena, i kod Andersena.

Dolazeći tebi u posetu, čim bih iz autobusa ugledao Dunav, priviđao mi se široki zaliv La Plate. U daljini, na vojvođanskoj strani, nazirao se Montevideo. Poslednje mesece u domu provela si u selidbama, menjajući hotele i gradove. Nikada neću saznati gde si umrla.

Koji je bio tvoj poslednji prizor? Neka veduta iz Selca, Crikvenice, Dubrovnika? Možda kakav goblen, jedan iz serije mitoloških scena tkanih u trideset i šest nijansi plave? Gde li je završio violinista od modrog kobalta? A tek sadržaj Lizetinih fioka? Baglamas profesorke Fažov?

I ti si imala svoje Hiterotove. Nisu bili sa Crvenog otoka, već sa Obilićevog venca. Odmah pored hotela *Mažestik*. Nikada nisam saznao tu priču, slutio sam tek njen obris. Izraz duboke povređenosti na tvom licu. Trenutak kada si gubila veru u ljude, ponižena i nemoćna, kao onda kada te je onaj tatin drug pitao šta radi Penelopa dok joj je Odisej na moru. Ili, kada si se vratila sa roditeljskog sastanka kod moje učiteljice Marize Šepić. Pred svima je rekla da sam ja isforsirani odlikaš. Te večeri smo dugo pričali. Nisi se ljutila na mene. Govorila si da je najteže biti svoj. Otada u meni dvojica: ja koji jesam, isforsirani odlikaš, i onaj drugi, koga moram dostići, i u njega se pretvoriti.

U međuvremenu, ljudi sa plaže zavladali su svetom.

Sada su svuda. Na aerodromima i kruzerima, u bankama i parlamentima. Zaseli su po ministarstvima, akademijama, univerzitetima, u bolnicama, filmskim studijima, pozorištima. Svet je postao posed karikatura. Đavo je suvišan, prevara je opšte stanje.

Nije ovo više onaj grad u kojem sam rođen. U međuvremenu – a to je čitav jedan ljudski vek – pretvorio se u stanište perača novca, niskih čelâ i mutna pogleda, plaćenih ubica, lažljivih ktitora, falsifikatora svih fela, onih koji kupuju građevinske dozvole, izvode iz matičnih knjiga, državljanstva, diplome i molitvene doručke.

Nije ovo više zemlja u kojoj sam odrastao, već poljana gde varalice, secikese i pelivani uveseljavaju beslovesni puk. Znam, ni drugde nije bolje. Takvo mi je vreme zapalo. Stignu vekovi kada zavladaju Vandali, Huni, Vizigoti, kada se tone pod stisnutom pesnicom jednoumlja. Kada glupost zavlada, kada prostaci preplave svet. Jer, na kraju, varvari uvek dođu.

Nikada neću odustati. Ni posle pola veka nisam zaboravio početak *Na Rio de la Plata.*

„Hladan pampero duvao je na mahove iznad prostranog ušća La Plate, nalik na morski zaliv, i obasipao ulice Montevidea mešavinom peska, prašine i velikih kapi kiše. Na ulici se nije moglo dugo izdržati. Zato sam sedeo u svojoj sobi u hotelu *Orijental*, i čitao knjigu o zemlji koju sam želeo da upoznam.“

Draga mama,

Uskoro ću progovoriti na fijumanskom.

O autoru

Dragan Velikić, rođen u Beogradu 1953. godine. Diplomirao je opštu književnost sa teorijom književnosti na beogradskom Filološkom fakultetu. Od 1994. do 1999. godine bio je urednik izdavačke delatnosti *Radija B 92*. Pisao je kolumne za *NIN, Vreme, Danas, Reporter* i *Status*. Od juna 2005. Do novembra 2009. godine bio je ambasador Republike Srbije u Austriji. Živi u Beogradu kao slobodni književnik.

Romani: *Via Pula* (1988 – *Nagrada Miloš Crnjanski*), *Astragan* (1991), *Hamsin 51* (1993), *Severni zid* (1995 – stipendija *Fonda „Borislav Pekić"*), *Danteov trg* (1997), *Slučaj Bremen* (2001), *Dosije Domaševski* (2003), *Ruski prozor* (2007 – *NIN*-ova nagrada za najbolji roman godine, Nagrada „Meša Selimović" za najbolju knjigu godine, Srednjoevropska nagrada za književnost), *Bonavia* (2012), *Islednik* (2015 – Nagrada „Kočićevo pero").

Knjige priča: *Pogrešan pokret* (1983), *Staklena bašta* (1985), *Beograd i druge priče* (2009).

Knjige eseja: *YU-tlantida* (1993), *Deponija* (1994), *Stanje stvari* (1998), *Pseća pošta* (2006) *O piscima i gradovima* (2010).

Knjiga izabranih intervjua: *39,5* (2010).

Monografija *Pula – grad interval* (2014) – u koautorstvu sa fotografom Igorom Zirojevićem i istoričarkom umetnosti Paolom Orlić.

Duodrama *Montevideo* (2015).

Knjige Dragana Velikića prevedene su na petnaest evropskih jezika i na arapski jezik. Zastupljen je u domaćim i inostranim antologijama.

Dobitnik je Nagrade grada Budimpešte za 2013. godinu.

Dragan Velikić
BONAVIA

„Nesvakidašnja porodična priča, sa odviše odsutnim očevima i suviše prisutnim majkama...“

Vreme

„Izvanredan roman koji potvrđuje da se ovaj autor i dalje razvija unutar koordinata svog književnog sveta i da demonstrira izuzetnu pripovedačku i jezičku kulturu, gotovo savršeno izbrušen stil i fascinantan osećaj za slikovit, upečatljiv detalj. Pisac verno prati i 'nadograđuje' svoje autorske opsesije, od 'malih' opredmećenih simbola svakodnevice, preko vozova i tramvaja, i dakako gradova: Beograda, Zemuna, Budimpešte, Beča, Bostona...“

Teofil Pančić

Dragan Velikić
RUSKI PROZOR

Ninova nagrada 2007. godine.

„Poput mnogih velikih pisaca, Velikić je svoje djelo stvorio u otporu prema onome što jest glavna matica jedne književnosti i kulture."

Miljenko Jergović

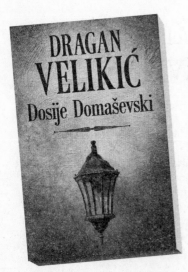

Dragan Velikić
DOSIJE DOMAŠEVSKI

„Još jedan dokaz da trenutno najuzbudljiviju književnost u istočnoj Evropi pišu Poljak Andžej Stasijuk, Mađar Laslo Darvaši, Čeh Johim Topol i srpski pisac Dragan Velikić."

Gabriela Jaskula